丛书顾问

李中华　温儒敏　葛晓音　张　帆

丛书编委会

主　任　廖祥忠
成　员　（以姓氏笔画为序）
　　　　李有兵　张鸿声　周月亮　逄增玉
　　　　董希平　蔡开松　曾白凌　廖祥忠

文 史 哲 通 识 读 本 丛 书

廖祥忠 | 总主编

中国历史
通 识 读 本

张帆 马勇 ◎ 编著

中国传媒大学出版社
·北京·

总　序

一、缘起

近年来,全国艺术类院校招生火爆,确实发现了不少好苗子。但大家也普遍感到很多学生文化素养亟待提高,他们创作出来的文艺作品比较肤浅,缺少深刻的内涵,有数量缺质量,有"高原"缺"高峰"。经过长时间的思考,我们认为原因主要有以下三点:一是生活阅历不够,没有积淀;二是文史哲的根基没有,或者很少;三是我们的教育也没有回应中国文化的传承问题,绳短不能汲深井,浅水难以负大舟。

习近平总书记高度重视中华优秀传统文化,并将其作为治国理政的重要思想文化资源。他强调,中华优秀传统文化是中华民族的突出优势,是我们在世界文化激荡中站稳脚跟的根基,实现中华民族伟大复兴,必须结合新的时代条件传承和弘扬中华优秀传统文化。他强调,大学教育要"坚持立德树人,遵循教育规律,弘扬优良传统,扎根中国大地办大学"。干什么学什么,缺什么补什么。鉴此,中国传媒大学决定先行先试,在全国启动艺术类招生考试改革。2019年艺考,我们一改以前只考语数英的情况,新增文史哲,让考生二选一。当年有约10万艺考生,竟然近一半选择了文史哲,出乎我们的预料,也在全国引起了强烈的反响。

怎样才能更好地抓住文史哲艺考这个牛鼻子,切实提高广大艺术类考生的文化素养?我们决定实施通识教育发展三步走战略:一是五湖四海,聘请名师名家,打造一流的文史哲通识教材;二是组建通识教育中心,以阳明书院为依托,以融媒体为手段,用人文素养修身,引导学生从中华优秀传统文化中汲取养分;三是以落地、落实新文科建设为目标,逐步建立和完善大学本科教育的文史哲知识体系和教育体系模块。近期的任务,是对艺术类考试进行全面改革,从2020年起,凡报考我校的艺术类考生必须通过文史哲考试这一关。

二、问道

打造一流的文史哲通识教材谈何容易!为此,学校多次召开专题会议,确定了"双一流"目标:一流的作者,一流的质量。

作为一校之长,我深感责任重大。我把目光聚焦到了百年名校北京大学。2019年6月26日,我和出版社曾白凌、蔡开松等同志一起前往该校,专程拜访了文史哲方面的著名学者李中华先生、温儒敏先生、张帆先生,畅谈对新文科建设的设想,交流对文史哲通识教材的看法。

北京大学哲学系博士生导师、中国哲学暨文化研究所所长、中国文化书院副院长李中华先生强调,文史哲通识教育不仅是一种文化知识的学习,更是一种文化精神的熏陶和传承。在学习中国传统文化和历史中,重要的一点是要把自己放进去,思考自己该怎么做。正如《论语》中所说:"古之学者为己,今之学者为人。"通识教材的文史哲内容不能停留在泛泛而谈的概论上。现在讲国学,核心是要解决我们内在的思想、修为和精神,这是文史哲通识教育的立足点和出发点。

北京大学语文教育研究所所长、教育部统编中小学语文教科书总主编、国家级教学名师温儒敏教授表示,中国传媒大学能够直接抓文史哲教材,考虑具体的事情,很难,也很难得,他积极支持。他认为考试是个指挥棒,这么多艺考生,如果中国传媒大学能带个头,带好这个头,寻找一种可行的模式,把基础教育、文化考试和思想教育、文化素养结合起来,可以说是功德无量。他认为一定要建设一支高素质的教师队伍,带领学生通读、精读传统文化和世界经典原著。要先开设课程,让学生在通识教育的基础上走向经典阅读的提高过程。通识教材要在"通"字上下功夫、做文章,要打破专业的局限和条条框框,使文史哲成为不同学科都能融会贯通的基础知识教育。优秀的文艺人才、优秀的文艺作品必然与世界接轨和同步,所以,文史哲不仅要有中国传统文化的内容,也要有世界文化的精华。

北京大学历史学系主任、教育部"九五"规划教材《中国古代简史》作者张帆教授认为,通识教材要有大历史观。要在结构和体例上有创新和突破,以时间和朝代为经线,通过概论、重大事件、重要人物等有机组成部分,使历史能够全景、重点、形象地展现出来。

教授们的讲话我非常认同,也深受感动。他们如此支持这项工作,言我所未言,见我所未见,面聆謦欬,如沐春风,我感受到了真正的大家风范,于是趁热打铁,当场邀请在座的名师名家出山,为中国传媒大学通识教育中心站台助阵,为传媒人传道授业解惑。教授们欣然接受了邀请。

三、布局

在多方征求意见后,我们确定了丛书名:"文史哲通识读本丛书",拟在 2019 年 10 月起陆续推出《中国历史通识读本》《中国哲学史通识读本》《中国古代文学通识读本》《中国现当代文学通识读本》等书。

接下来，我们进一步确定了如下撰稿原则：一是坚持立德树人的原则，以文化人，以文育人。二是书稿内容要求全面、系统、权威。"全面"是指知识构架不要有大的缺失，重要内容不要有大的遗漏。"系统"是指要注意知识的系统性、连贯性、一致性。"权威"一是指材料的认可度高，所举案例，要么是经典性案例，要么是有典型意义的、有说服力的最新案例；二是指观点必须是权威的，被大家所公认的，不成熟的观点，或者不为大多数人所接受的观点，不宜收入。三是这套书不是研究性著作，而是通识读本，所以，行文要文笔流畅，通俗易懂；少用生僻的字词句，不用过于哲理化的弯弯绕的文字；要尽量使用陈述句，用字简省，表意准确，叙述概念、原理时尤应如此，以便学生爱读易记。四是应突出新文科的特点。"新文科"相对于传统文科而言，指进行学科重组、文理交叉，即把科学技术融入哲学、历史、文学等课程中，为学生提供综合性的跨学科学习。

四、希望

艺术生是文化建设的新生力量、战略储备，艺考生的文化素养，决定了他们的创作水平，会影响一代甚至几代人，会影响我们的未来。艺考的导向有问题，教材、参考书不好，会误大事、出大问题。习近平总书记语重心长地说："优秀传统文化是一个国家、一个民族传承和发展的根本，如果丢掉了，就割断了精神命脉。"文史哲是中国文化的精髓所在，根脉所系，灵魂所附，内容经过了时间的过滤、历史的淬炼，才得以一代一代传下来。我作为教育部新文科建设工作组副组长，希望能够站在新文科建设的高度，为提升艺考生的文化素养而努力。我们甚至设想，艺考时要考文史哲，艺考生招进来后，一、二年级还要系统地学习文史哲的基础知识，并加大对原著的阅读量，回望所来的未知，汲取往圣的智慧，为同学们将来的发展培元固本，强基铸魂。所以，我希望同学们真正学好这些课程,切实提高道德修养和人文素养,出口成诵,下笔成章,真正做到习近平总书记所说:"学以益智,学以励志,学以立德,学以修身。"让包含"忠诚、自信、包容、竞先"文化基因的新中传精神广泛传播,嵌入中传人的精神家园。请同学们一定要记住:"每一个不曾阅读的日子,都是对大学的辜负。"

古人说,其始也简,将毕也巨。我们先推出四种,待取得经验后,再推出《世界历史通识读本》《西方哲学史通识读本》《西方文学通识读本》等通识教材,让学子们既守故垒,兼通中西。这些想法虽好,然孳孳汲汲,如琢如磨,奉献在您面前的这套教材成色如何,能否契合初心,说实话,我们没有把握,可谓战战兢兢,如临深渊,如履薄冰。所以,书中如有不妥及错讹处,希望您不吝赐教,我们一定俯身倾听,及时修正,使这套通识教材日臻完善。

是为序。

〔廖祥忠,中国传媒大学校长,教育部新文科建设工作组副组长,
教育部高等学校动画、数字媒体专业教学指导委员会主任委员〕

上编　中国古代史

页码	章节	标题
3	第一章	中华民族的远祖
7	第二章	早期王朝：夏、商、西周
11	第三章	春秋战国的政治社会变革
15	第四章	先秦的文化
19	第五章	秦朝的兴亡
23	第六章	两汉的兴衰
27	第七章	两汉的制度与经济
31	第八章	两汉的边疆民族与中外交通
35	第九章	两汉的文化
39	第十章	三国两晋南北朝政权的更替
43	第十一章	民族融合与南方的开发
47	第十二章	三国两晋南北朝的文化
51	第十三章	隋朝与唐前期的鼎盛局面
55	第十四章	隋唐制度的革新
59	第十五章	从安史之乱到五代十国
63	第十六章	隋唐的经济与对外交往
67	第十七章	隋唐五代的文化

71	第十八章	北宋的建立与变法
75	第十九章	宋与辽、西夏、金的对峙
79	第二十章	元朝的大一统
83	第二十一章	经济发展和经济重心的南移
87	第二十二章	宋元时期的文化
91	第二十三章	明朝的统治
95	第二十四章	清朝的兴衰（鸦片战争以前）
99	第二十五章	统一多民族国家的巩固与发展
103	第二十六章	新形势下的对外关系
107	第二十七章	经济的繁荣与潜在问题
111	第二十八章	明清（鸦片战争以前）的文化

下编　中国近现代史

117	第二十九章	鸦片战争
126	第三十章	太平天国运动
132	第三十一章	洋务运动
139	第三十二章	列强侵华势力的扩张与半殖民地半封建社会的形成
143	第三十三章	改良思潮与戊戌维新

151	第三十四章	清末新政
156	第三十五章	辛亥革命与清王朝的覆灭
161	第三十六章	中华民国的成立及其政权变化
165	第三十七章	民国初年的教育改革
169	第三十八章	五四新文化运动
173	第三十九章	第一次世界大战与中国民族资本主义的发展
177	第四十章	北伐战争及南京国民政府的成立
183	第四十一章	近代科学研究事业的发展
187	第四十二章	废除不平等条约运动
194	第四十三章	日本帝国主义的武装入侵
198	第四十四章	国共两党的抗战
211	第四十五章	抗战前后的文学艺术
214	第四十六章	民主党派的产生和发展
220	第四十七章	抗战胜利与重庆谈判
225	第四十八章	解放战争与中华民国的终结
233	第四十九章	中华人民共和国成立
235	后　记	

上 编

中国古代史

第一章
中华民族的远祖

> 作为世界上主要的文明古国之一,中国的历史是怎样开始的?在中国大地上有哪些代表性的古人类化石和原始文化遗存?古书中又是怎样描写中国最早一段历史的?

旧石器时代的古人类　人类最早的工具是石器。起初有上百万年的时间,人类使用打制石器,这段时期被称为旧石器时代。当时的人类主要依靠狩猎和采集获取食物,在险恶的自然环境下过着群居生活。

旧石器时代的人类化石和遗址,在我国已发现300多处。时间较早的有距今约170万年的元谋人(发现于云南元谋县),距今100万年至65万年的蓝田人(发现于陕西蓝田县),以及距今70万年至20万年的北京人(发现于北京周口店龙骨山)。他们都已经学会用火。

在周口店龙骨山北京人遗址山顶上的洞穴里,又发现了距今约3万年的山顶洞人。他们的体质已与现代人基本相同,属于旧石器时代晚期人类化石的代表。

新石器时代的文化发展　旧石器时代之后,是制作并使用磨制石器的新石器时代。新石器时代产生了原始的农业,还出现了陶器,人们的生活渐渐稳定。氏族公社是这一时期普遍存在的社会组织形式。

> 🔍 **知识链接**

近几十年来,国际学术界对于人类起源问题有一种影响很大的理论:所有现代人的直系祖先都是大约 20 万年前的一位非洲女性,她的后代大约在 13 万年前走出非洲。这一理论来自分子生物学对人体细胞线粒体 DNA 的研究。照此理论,现代中国大多数人的祖先,是在 6 万至 1.8 万年前从非洲迁徙而来的,从南方逐渐迁徙到北方,中国原有的古人类与现代中国人在基因上没有关系。该理论提出后,受到一些学者的质疑,争论目前仍未完全平息。

距今 1 万年左右,我国进入新石器时代。国内的新石器时代文化遗存已经发现 1 万多处。距今 7,000 至 5,000 年,黄河中上游地区新石器文化的主体是仰韶文化①,陕西临潼姜寨遗址和西安半坡遗址是其典型代表。那里的居民以粟为主要粮食作物,制作的彩绘陶器十分精美。

与仰韶文化大致同时,黄河下游分布着大汶口文化②,长江下游则有河姆渡文化③,都发展到了相当高的水平。河姆渡文化的居民种植水稻,并且掌握了养蚕缫丝的技术。大汶口文化晚期出土的黑陶乌黑光亮,有些胎壁薄如蛋壳,制作工艺高超。当时这里的社会已经出现贫富差别。一座大墓中出土随葬品 100 多件,包括精美的玉器和象牙器。同一墓地的穷人墓葬,却仅随葬几件陶器。

文明的曙光 距今 5,000 年左右,我国的新石器时代进入晚期,黄河流域的仰韶文化和大汶口文化被龙山文化④所代替。同时,在北方辽河

---

① 仰韶文化较早的典型遗址,发现于河南渑池县仰韶村,以后就用来概称同一类型的文化遗存。
② 大汶口文化典型遗址发现于山东泰安大汶口村。
③ 河姆渡文化典型遗址发现于浙江余姚河姆渡。
④ 龙山文化典型遗址发现于山东章丘龙山镇。

上游有红山文化①，长江下游则有良渚文化②。各文化既有自身特点，又互相影响，在中华文明的衍生过程中都发挥了重要作用。

新石器时代晚期的社会经济有了更大发展，促进了社会结构的变动。贫富分化加剧，氏族内部出现了权贵阶层。有些特殊的手工业产品，比如玉器和精美的陶器，就是为满足社会上层的需要而制造出来的。

知识链接

玉器的生产需要一系列复杂加工技术，体现了新石器时代手工业的最高水平。红山文化和良渚文化的玉器尤为精美。良渚文化出土一件祭祀时使用的"玉琮③王"，直径17厘米，高近9厘米，重达6.5公斤，表面雕刻出细如发丝的花纹图案，是罕见的艺术珍品。

氏族之间的联系更加密切，往往结成较大的部落，甚至更大的部落联盟。很多地方出现了由夯（hāng）土城墙包围的古城，表明各种集团之间的冲突日益激烈。部落、氏族首领通过战争扩大财富和权力，战俘和一些贫苦的氏族成员则沦为奴隶。阶级分化逐渐明显，国家开始萌芽。

先民的传说　古书相传，中国最早的统治者是三皇五帝。三皇的时代更早，名目众说不一，较常见的一种说法是燧人氏、伏羲氏、神农氏。他们的形象神人混杂，其传说间接地反映了中国早期人类逐步积累生存经验的历史进程。

五帝的传说更加可靠一些。汉代史学家司马迁的《史记》首列《五帝本纪》，记载了黄帝、颛顼（zhuān xū）、帝喾（kù）、尧、舜五位首领的事迹。

黄帝是黄河上、中游一带的部落首领。他联合另一位首领炎帝的部

---

① 红山文化典型遗址发现于内蒙古赤峰红山后。
② 良渚文化典型遗址发现于浙江余杭良渚镇。
③ 琮（cóng），是一种方形、中有圆孔的玉器，用于祭祀等礼仪活动。

落,打败东方的蚩(chī)尤部落,担任了炎黄部落联盟的联盟长,被后世尊为汉族的始祖。

尧、舜是时间更晚一些的中原地区部落联盟长。联盟长是由各部落民主推选出来的。尧年老时,根据各部落首领的推举,由舜继承其位。舜年老时,又用同样的方式让位给禹。这种做法被称为"禅(shàn)让"。这段时间正是我国原始部落联盟向早期国家过渡的时期。

知识链接

自1978年起,考古学家对山西襄汾陶寺的龙山文化晚期古代城址进行发掘,发现了宫殿建筑基址、陪葬品众多的高等级墓葬、精美的礼仪用具,还有类似于文字的书写符号。陶寺遗址距今4,000余年,时间和地域与传说中的尧、舜、禹时代大致相符,对于探索中国早期国家的萌芽具有重要意义。

思考题:

1. 谈谈旧石器时代的古人类。
2. 谈谈新石器时代的文化发展。

第二章
早期王朝：夏、商、西周

> 公元前21世纪，中国开始出现世袭王朝。最初的几个王朝是怎样统治的？有哪些重大的文明成果？

夏与商 约公元前2070年，"有夏氏"部落的禹因治水有功被推举为部落联盟长。禹死后，由他的儿子启继任，形成了中国最早的世袭王朝夏朝。禹被看作夏朝的第一代国君。

夏朝建立了职官、军队、刑法、监狱等一套国家机器。它的统治中心在今河南西部和山西南部，这一带发现的二里头①文化被认为是夏朝的遗存。

约公元前1600年，黄河下游的商部落首领汤推翻了暴虐无道的夏朝末代君主桀，建立商朝。商朝前期屡次迁都，后来把都城迁到殷（今河南安阳），从此稳定下来，因此商朝又称殷朝。商朝极盛时期，疆域北到燕山，南到长江，东到大海，西到今陕西西部，是当时世界上的大国。

商朝后期，国势逐渐衰落。末代商纣王生活荒淫，统治残暴，众叛亲离。约公元前1046年，渭水流域周国的国君周武王姬发率众伐商，商军大败，纣王自焚而死，商朝灭亡。

---

① 二里头遗址在河南偃师。

西周 周原是商的属国。建立周朝后,定都于镐(hào,今陕西西安西),史称西周。周武王去世后,其子成王年幼,由武王之弟周公旦[①]摄政。周公平定了商朝残余势力的叛乱,营建东都洛邑(今河南洛阳)作为东方统治中心,并且进一步完善了各项国家制度。

知识链接

西周初年,统治者崇尚"德政",改革了不少商朝的陋习。商朝祭祀神灵和祖先时往往杀人作为祭品,称为"人牲";贵族死后也常用人来殉葬,称为"人殉"。人牲和人殉杀死的主要是战俘和奴隶,有时一次杀掉数百、上千人。西周则很少使用人牲和人殉。商朝贵族的迷信和奢侈之风,在西周初年也得到很大的扭转。

西周在政治上实行分封制。周王把土地和百姓封授给王族子弟、功臣和先代贵族,让他们在地方建立世袭的诸侯国。诸侯要服从周王的命令,定期朝见并贡献财物,派兵随从作战。周初分封的重要诸侯国有齐、鲁、燕、卫、晋、宋等。诸侯在国内将土地、百姓分封给子弟或功臣,称卿大夫;卿大夫再将土地、百姓分赐子弟,称士。这样,就在统治集团内部形成了金字塔形的等级结构。

西周在经济上实行井田制。周朝的土地名义上都属于周王,其中大部分通过分封被赐给诸侯等各级贵族,受封者可以世代占有,但不能转让买卖。开垦土地通常有整齐的划界,形同"井"字,故称"井田",其中包括公田和私田。农民集体耕种公田,将收获物缴纳给贵族,然后才能耕种自己的私田。

---

① 周公是他的封号,名字叫旦。周是封地,在今陕西岐山。公为爵位。

公元前841年,由于周厉王贪财好利,为政暴虐,引发了"国人①暴动"。厉王出逃,朝政一度由大臣召(shào)穆公、周定公联合执掌,史称"共和"②。这一年是中国历史上有确切纪年的开始。公元前771年,西北的游牧民族犬戎乘西周王室内乱攻破镐京,杀死周幽王,西周灭亡。

青铜器的铸造 青铜是铜、锡、铅按一定比例熔铸而成的合金,与纯铜相比具有更好的质地和铸造性能。青铜铸造业是夏、商、西周手工业的主要部门,所铸主要是祭祀用的礼器、乐器,也有兵器、工具和车马器。夏朝的青铜器已有不少种类,但形态和纹饰还比较简单。商朝后期,青铜器铸造达到很高水平,造型雄奇,纹饰华丽。在当时的都城遗址"殷墟"发掘出来的青铜器多达数千件,其中的"司母戊"大方鼎重达800多公斤,需要二三百人协同合作才能铸成。西周青铜器在各地发现更多,型制趋向简单朴实,其中有许多成套的礼器。

知识链接

古书称商朝中叶以后的都城遗址为"殷墟"。20世纪初,学者们确定它的位置在河南安阳西北的洹(huán)河两岸。在这里发现了商朝的宫殿、宗庙建筑群和国王陵墓,以及上千座中小型墓葬,极大地推动了商史研究。

20世纪80年代,在四川广汉三星堆遗址出土了大批青铜器,其中包括人像、面具、神树等中原罕见的器物,时间大体相当于商朝,体现了四川地区古代文化的独特风貌。

---

① "国"在当时是城的意思。"国人"指居住在城中(此处指都城镐京)的中小贵族和平民。
② 还有一种说法:是由诸侯共伯和(封地在共,爵位为伯,名字叫和)摄政,故称共和。

 **知识链接**

商朝和西周还有其他一些重要的手工业部门。这一时期的玉器、漆器加工业都有很大发展。玉器种类繁多,有不少栩栩如生的动物造型。漆器花纹绚丽,图案精美。商朝还出现了原始的瓷器。

甲骨文和金文 甲骨文是中国文字发展的早期阶段。商朝统治者十分迷信,遇事通常要用烧灼龟甲、兽骨的方式占卜,然后将占卜经过和结果刻写在龟甲、兽骨上,就形成了甲骨文。有字的商朝甲骨迄今已出土10余万片,为研究商朝历史和古文字提供了丰富资料。

甲骨文是一种十分成熟的文字。目前见到的甲骨文单字已达5,000以上,完全识读出来的有1,000多字。今天汉字构成的几种基本方式,在甲骨文中都已出现。甲骨文体现出来的语法也很完备。这些都表明它已经有相当长时间的发展和演变。

金文是商周青铜器上铸刻的文字。至今发现有文字的商周青铜器超过1万件。商朝后期开始出现金文,但铸刻的字数还比较少。到西周,不少青铜器上都铸刻有较长的金文,有的长达几百字,记录了周朝贵族接受封赏、出征作战等重大活动。金文从甲骨文脱胎而来,稍显简化,线条较为平直。它也是汉字发展史中的一个重要阶段。

思考题:

1. 夏、商、西周对疆土的统治是怎样逐步加强的?
2. 谈谈甲骨文和金文。

第三章
春秋战国的政治社会变革

> 春秋战国是中国历史上政局最为混乱的阶段之一,也是经济大发展和政治、社会大变革的时期。这段时间的政治和社会究竟出现了哪些变动?有怎样的历史影响?

列国纷争与民族融合　公元前770年,周平王将都城迁到洛邑,此后的周朝被称为东周。东周分为春秋、战国两个阶段。①

春秋时期,周王的权威衰落,只能控制洛邑附近地区。各诸侯国频繁交战,不受周王约束。北方的戎狄部族渗入内地,经常与中原各国发生冲突;南方的楚国也强大起来,向北扩张。在这种情况下,一些大国打出"尊王攘夷"的旗号,力图借此号召和控制中小国家,确立霸权地位。

知识链接

楚国位于长江中游,是由当地土著民族发展形成的,并非由周朝的宗室、功臣所建。早在西周,就与王室发生过冲突。在文化上也与中原各国

---

① 春秋战国的分界线有多种说法。较常见的一种,是以公元前476年为春秋的结束,公元前475年为战国的开始。另外,东周并不能完全涵盖战国。公元前256年周王室被秦国吞并,东周灭亡。战国则结束于公元前221年秦朝统一。

颇有差异,被后者视为蛮夷。

最早的霸主是东方的齐国。公元前7世纪前期,齐国强大,齐桓公在北方打败戎狄,南方迫使楚国求和,保护了中原各国的利益和文化。齐桓公召集诸侯会盟时,周王也派代表参加,承认他为霸主。随后进入北方晋国和南方楚国争霸的时期,晋文公、楚庄王相继称霸。后来长江下游的吴国、越国又先后建立过短暂的霸权。

春秋后期到战国前期,一些诸侯国内的卿大夫取代国君掌握了实权。公元前403年,晋国的韩、赵、魏三家大夫将晋国瓜分。稍后,齐国大夫田氏废掉姜姓国君而成为诸侯。经过长期混战,一些中小诸侯国被吞并,主要只剩下齐、楚、燕、韩、赵、魏、秦七个大国,被称为"战国七雄"。

战国时期,周朝传统的政治秩序被完全破坏。战争更为频繁,规模大,动员广,杀伤重,远远超出春秋。起初魏、齐两国强盛,到战国中叶,西方的秦国强大起来,东方各国却日趋衰落,秦国统一的大势逐渐形成。

民族关系也出现了重要变化。春秋时期,中原各国自视文化一体,已经产生了"华夏"①的民族认同观念,称四周的民族为戎狄蛮夷。战国时,进入中原的戎狄部落绝大部分已融入华夏族,楚国也不再被视为蛮夷。华夏族吸收了大量新鲜血液,成为更加稳定和分布更广泛的族群,为后来秦建立统一的多民族国家奠定了基础。

经济的发展 春秋战国的农业经济有重大发展。春秋中后期,开始用铁制造农具,其坚硬度和锋利性都远超木石、青铜工具。战国铁农具更加普及。牛耕大约出现于春秋后期,战国中后期开始使用铁制的耕犁,大大提高了耕作效率,是我国农业技术史上的一次革命。各国兴建了不少水利灌溉工程。战国时秦国官员李冰在成都平原岷江上修建的都江堰,至今仍在使用。

---

① "华夏"的"华"是修饰语,指华美光彩的服饰;"夏"源自夏朝,其文字含义为"大",指大国。

知识链接

商朝出现了用天然陨铁制造的兵器,西周末年已发明人工冶铁技术。1990 年在河南三门峡虢国墓地 2001 号大墓中,发现了年代在西周、春秋之际的玉柄铁剑,经鉴定确认为人工冶铁制品。

手工业继续发展,青铜铸造和漆器、纺织等技术都有很大进步,产品种类繁多,精致美观。商品经济十分活跃,尤以战国为最。当时各国普遍使用金属铸币,涌现出一批人口众多、商贾云集的中心城市,如齐国的临淄,赵国的邯郸,楚国的宛、郢等。[①] 不少私营工商业者聚集了大量钱财,有的富比王侯。

各国的改革和变法 经济发展推动了社会变化。春秋时期,由于农业生产力提高,在传统的井田以外,大量新的荒地被开垦出来。为增加收入,不少国家相继改变剥削方式,按照农民的耕地多少来征收实物赋税,不再区分公田、私田。土地国有的井田制逐渐为土地私有制取代。

到战国,以等级分封制为基础的社会秩序已经解体。在兼并战争日益激烈的形势下,各国出于提高统治效率、富国强兵的目的,纷纷进行变法,建立起君主集权的新型管理体制,为以后大一统帝国的出现在制度上做了准备。其中比较重要的,有魏国的李悝(kuī)变法、楚国的吴起变法,而尤以秦国的商鞅[②]变法影响最大。

商鞅变法的措施分两次推行。公元前 356 年,秦孝公任用商鞅进行第一次变法,主要内容有:在百姓中实行什伍连坐,互相纠察告发;强制将大家庭拆散为个体小家庭;重农抑商,奖励耕织;奖励军功,贵族无军功者

---

① 临淄,在今山东淄博。邯郸,今属河北。宛,在今河南南阳。郢,在今湖北荆州。
② 商鞅,名叫公孙鞅。商是秦国给他的封地,在今陕西商县东南。

剥夺其特权。几年后,又推行了第二次变法,主要内容有:完全废除井田制,铲除田界,推动土地私有制发展;普遍推行县制,县的官员由君主任免;统一度量衡。

变法沉重打击了旧贵族的利益,遭到反对,商鞅以严刑峻法的铁腕手段强力推行。秦孝公死后,商鞅被杀,尸体车裂示众。但新法在秦国行用多年,取得显著成效,已经不可逆转。秦国本来比较落后,由于变法彻底,国力迅速上升,超越了东方六国。公元前260年,秦国与赵国在长平①大战,秦军获胜并杀死赵军40余万人。此后,六国基本无力抵抗秦的进攻了。

➡ 思考题:

1. 谈谈春秋战国时期的民族关系。
2. 为什么战国时期会出现变法运动?

---

① 长平,在今山西高平。

第四章
先秦的文化

> 先秦时期,中国传统文化的核心内容逐渐形成。尤其是在春秋战国时期,社会的动荡和变革带来了思想文化的空前繁荣。这里面,有哪些具体的表现呢?

孔子和老子 孔子名丘,字仲尼,春秋后期鲁国人,是我国历史上影响最大的思想家和教育家、儒家学派的创始人。后世统治者将他尊奉为"圣人"。

孔子思想体系的核心是"仁"。"仁"就是尊重他人,有同情心。由此主张统治者行"仁政",顺应民心,爱惜民力,通过以身作则的道德感化来治理国家。孔子对当时社会的变革、动荡形势忧心忡忡,提出"克己复礼",希望恢复西周的统治秩序。他不否认天命鬼神的存在,但更加注重人事,强调人的主观努力,主张"敬鬼神而远之"。

孔子在教育方面成就显著。他以"有教无类"的思想办学,打破过去贵族阶层垄断文化教育的局面,推动文化知识向社会下层扩展。

相传孔子晚年整理、编订了《诗》《书》《礼》《易》《春秋》等古代文献,这几部书后来成为儒家的经典。他的主要思想和言论则记载在由其弟子编纂的《论语》一书中。

> **知识链接**

《书》亦称《尚书》，是远古和夏、商、周三代一些传说史料及官方文献的汇编。《礼》亦称《仪礼》，是周朝的一部礼仪职业手册。《易》亦称《周易》，是古代的一部占卜用书，其中的主干部分产生于晚商到西周时期，反映了古人朴素的辩证法思想。《诗》亦称《诗经》，与《春秋》均见下文。

老子，据称姓李，名耳，楚国人，与孔子基本同时而年龄较长，是道家学派的创始人。现存的《老子》一书相传就是他的著作。书中提出"道"的哲学概念，认为"道"是天地万物的本原，是无形无迹、玄妙莫测的自然本体。他还认为世间万物都在不停地运动变化，有无、高下、贵贱、刚柔等对立面都是互相依存、不断转化的。在政治上，他主张顺其自然的"无为"原则。

战国"百家争鸣" 战国时期，在社会剧烈动荡的背景下，出现了众多的学说和学派，形成"百家争鸣"的局面。其中主要有儒、道、墨、法等家。

儒家代表主要为孟子和荀子。孟子提出"性善论"，认为人性中的善是与生俱来的，作恶则是后天影响所致。他发展了孔子的"仁"和"仁政"理论，提出"民贵君轻"的民本主义思想，宣称人民有权推翻暴君。孟子被后世儒家尊为"亚圣"。

荀子提出与孟子相反的"性恶论"，认为人生来是恶的，善是由后天的社会规范影响而产生的。他重点阐发了孔子关于"礼"的理论，强调礼在规范人们行为方面的作用，治国应当以礼为主，以法为辅。在世界观方面，荀子认为天没有意志，与人事的吉凶祸福无关。人类既应该顺应自然界的规律，同时也可以通过主观努力改造自然。

道家的代表是庄子。他在老子思想的基础上，更加强调万物的相对性，认为各种对立事物在本质上都是相同的。庄子反对社会进步，主张恢复人的自然本性，痛恨礼、法等各种约束。

墨家的创始人是墨子。他主张"兼爱",就是无差别地爱一切人;"非攻",就是反对当时各国的兼并战争;"尚贤",就是反对任人唯亲,主张选用贤人。墨子的思想代表了当时下层平民的利益。

法家的主要思想是尊崇君权、提倡法治,与战国政治体制的变化相符,各国变法的领导者大都出自法家。韩非子是法家集大成的代表人物。他认为历史是向前发展的,应该根据现实进行改革,不必拘泥于古代的传统;主张严格以法治国,除君主外法律面前人人平等;鼓吹君主使用各种权术、阴谋达到独裁的目的。

此外,比较重要的还有名家和兵家,它们分别以逻辑学和军事学为主要讨论对象。兵家的代表作《孙子兵法》,据称是春秋末年吴国名将孙武所作,实际上可能成书于战国。书中系统地总结了战略、战术方面的问题,叙述简洁而富有哲理,是具有世界影响的名著。

史学与文学　春秋时期,一部叫作《春秋》的鲁国编年史,是我国现存最早的史学著作。成书于战国的《左传》,以《春秋》纪事为纲,增补了大量材料,成为一部内容丰富、翔实的编年史名著。它叙事生动,语言流畅,也具有很高的文学价值。

《诗经》是我国第一部诗歌总集,收录了西周到春秋中叶的诗歌305篇,分为风、雅、颂三个部分。风是各诸侯国的民歌,大部分是春秋时的作品;雅是西周的宫廷乐曲歌辞;颂是宗庙祭祀的乐歌。《诗经》的人文精神和现实主义传统对后世文学有重要影响。

屈原是战国后期楚国的贵族。他采用楚国方言,利用南方民歌的形式,创造出一种新的诗歌体裁——楚辞。屈原的作品体现出强烈的爱国精神和浓郁的浪漫主义色彩,其中以《离骚》最为著名。

"百家争鸣"中诸子的著作,大都是杰出的散文作品,尤以孟子、庄子、韩非子成就突出。

科技　夏、商、西周时期,人们对天文、星象已有一定认识。商朝历法采用干支纪日,是世界上延续至今最为古老的纪日方法。商朝甲骨文中保留了我国最早的日食、月食记录。

知识链接

干支是天干、地支的合称,甲乙丙丁等十天干和子丑寅卯等十二地支相配,共60组。干支最早用于纪日,后来又用于纪年。商朝人把一年分为12个月,有大月、小月之分,并设有闰月,这些方法都被今天的农历继承。

《春秋》记载公元前613年"有星孛入于北斗",这是世界上首次关于哈雷彗星的确切记录。战国时期,出现了世界上最早的天文学著作《甘石星经》[①]。

战国诸子中的墨家对科技较有研究。《墨子》中包含六篇被称为《墨经》的文章,探讨了不少物理学问题。

春秋战国时期,医学也有很大进步。扁鹊是战国时的名医,他采用望、闻、问、切四诊法诊断病情,长期为以后的中医所沿用。

思考题:

1. 先秦的儒家、道家和法家分别有哪些重要思想?
2. 谈谈《诗经》。

---

① 《甘石星经》由楚人甘德和魏人石申的两部著作合编而成。

第五章
秦朝的兴亡

> 在战国七雄的兼并战争中,秦国最后脱颖而出,完成统一,建立了新型的君主专制中央集权王朝。这个新王朝与以前的王朝有何不同?它曾经强盛无比,为什么又昙花一现,很快就崩溃了?

秦朝的统一 秦国是西周后期分封的诸侯国,西周灭亡以后占据了关中地区,开始崭露头角。战国时期,它的变法措施最为彻底,执行也较为连贯,形成了一套比较完备和高效的国家管理机制,其发展经济、建设军备、招揽人才的政策也极见成效。加上外交策略成功、地理位置优越、民风强悍,到战国后期,秦国的力量已经明显超越其他国家。长期战乱给社会带来巨大灾难,人民渴望统一;经济的发展、民族和地域之间联系的加强,则为统一准备了客观条件。

公元前230年至前221年,秦王嬴政在位时,以秋风扫落叶之势,相继灭掉了东方六国,建立起新的统一王朝,定都咸阳(今陕西咸阳东)。此后,秦又统一了南方越族地区①,并对云贵地区的"西南夷"进行招抚。在北方,击退了草原游牧民族匈奴的进攻,占领河套地区,进而修筑了万里长城。秦朝的疆域东起大海,西到陇西,南包岭南,北抵长城,人口达到2,000多万。

---

① 越族是先秦、秦汉时期的南方少数民族,部落繁多,又称百越,分布于今天的浙江、江西、福建、广东、广西一带。

> 📖 **知识链接**
>
> 战国时期,为抵御北方游牧民族南下,秦、赵、燕三国都在北部边境筑有长城。秦朝在此基础上进行连接、加固和延伸,建成了西起临洮①、东至辽东的万里长城。长城对抵御游牧民族骑兵的进攻起了很大作用,保障了中原农业社会的安全。
>
> 在与越族的战争中,秦朝还修筑了另一项重要工程,即灵渠。灵渠位于今广西兴安,是一条连接湘江和漓江的运河。它的长度只有30多公里,却联通了长江、珠江两大水系,促进了中原与岭南的经济文化交流。它也是世界现存最古老的人工运河之一。

秦朝的统一结束了春秋战国诸侯割据混战的局面,建立起中国历史上版图空前辽阔的统一多民族国家,为社会经济的恢复和发展、各族人民的安定生活和相互交往创造了条件。

君主专制中央集权制度的建立 秦朝是一个不同于夏、商、周的新型王朝,它确立了君主专制中央集权的国家制度。这套制度被以后的王朝长期沿用。

秦王嬴政统一六国后,决定兼采三皇、五帝名号,将新王朝的君主定名为皇帝。他自称"始皇帝",史称秦始皇。为显示皇帝的独尊地位,规定皇帝自称"朕",发布的命令专称为"制"或"诏",印章专称为"玺",对皇帝的名字要避讳。

皇帝对国家事务拥有至高无上的最后决定权,具体管理工作则由从中央到地方一整套官僚机构来执行。中央设丞相、太尉、御史大夫等主要辅佐大臣。丞相协助皇帝主管全国行政。太尉协助主管军事,不常设。

---

① 临洮,在今甘肃岷县。

御史大夫为丞相副手,负责文书传达工作,兼管监察事务。以下设诸卿①,分掌具体政务。地方上彻底废除分封制,推行郡县制,全国共设40余郡,郡下设县,郡县主要官员由中央任免和考核。县以下,又设乡、里等基层行政组织。国家权力自上而下延伸到社会底层。

为巩固统一,保证中央对地方的有效控制,秦朝进行了"整齐制度"的工作,颁布了通行全国的法律,做到"事皆决于法";推行户籍制度,登载每户的土地、人口和年龄,作为征发赋税、徭役的依据。度量衡以秦国旧制为标准,推广到全国。货币统一使用秦国的圆形方孔铜钱。文字统一使用秦国的小篆②。秦国还统一了车轨宽度,以咸阳为中心修筑四通八达的"驰道",加强各地联系。

知识链接

秦律名目繁多,分类细密,就法律形式而言已经比较发达。1975年,湖北云梦睡虎地秦墓出土竹简一千余支,大部分是秦的法律条文和相关解释,包括征收田赋的《田律》《仓律》,征发徭役和兵役的《徭律》《戍律》等。

秦朝的暴政及其覆亡 秦始皇的辉煌功业,是建立在残酷剥削压迫人民的基础之上的。他大兴土木,修建宫殿、陵墓,花费巨额钱财寻求长生不死的仙药,还几次兴师动众到地方巡游。加上开拓边疆和修筑长城、驰道等工程,使劳动人民的徭役、兵役负担沉重不堪。秦朝的刑法也非常严酷,百姓动辄得咎,大批沦为囚徒。

秦始皇还将专制统治贯彻到思想文化领域。公元前213年,他接受丞相李斯的建议,下令焚毁书籍,实行愚民政策。第二年,又以造谣惑众

---

① 诸卿有多种名目,例如奉常掌宗庙礼仪,廷尉掌刑法,典客掌管少数民族事务。
② 当时社会上还流行一种更加简易的隶书,其字形也是由小篆演变来的。

的罪名,在咸阳逮捕并坑杀了460余名儒生。这两件事合称"焚书坑儒",对文化造成严重摧残,也加重了士人对秦朝的仇视。

公元前210年,秦始皇在巡游途中病死。其子秦二世即位,统治更加暴虐。

公元前209年,陈胜、吴广率领几百名戍卒在大泽乡①发动起义。他们以"伐无道,诛暴秦"号召天下,建立政权,国号"张楚",各地纷纷响应。陈胜、吴广起义军不久失败,其他起义部队由项羽、刘邦等人领导,继续斗争。公元前207年,刘邦的军队进入咸阳,秦朝灭亡。

▶ **思考题:**

1. 如何看待秦朝的历史地位?
2. 谈谈陈胜、吴广起义。

---

① 大泽乡,在今安徽宿州境内。

第六章
两汉的兴衰

> 秦朝灭亡后,随即出现统治时间更长、国力更强盛的汉朝。汉朝建立过哪些重要业绩?为什么会分为西汉和东汉?

西汉的建立与休养生息 秦朝灭亡后,反秦义军的两位领袖项羽和刘邦为争夺天下进行了四年战争。公元前202年,刘邦打败项羽,建立汉朝,定都长安(今陕西西安),史称西汉。刘邦就是汉高祖。

经过秦朝暴政和秦末战乱,汉初社会凋敝,民不聊生。皇帝找不到四匹同色的马驾车,大臣有的只能乘牛车出行。汉高祖吸取秦亡的教训,采取休养生息的政策。他让大批士兵回乡务农,授予田宅,一段时期内免除徭役;招谕战乱中流亡者各归本土,恢复原来的产业。他又将田租减轻到十五税一,下令将自卖为奴婢的人释放为平民。这些政策增加了农业劳动力,调动了农民的生产积极性。

汉文帝、景帝在位期间①,继续推行休养生息政策。他们多次下令减轻赋税和徭役,文帝曾一度免征田租,景帝将田租降为三十税一。又减轻秦朝以来的严峻刑罚,文帝废除犯罪亲属连坐的制度,用笞刑代替某些伤残肢体的肉刑,景帝继续减少笞刑的数目。当时官吏断案,也往往从宽。

---

① 汉文帝,公元前180至前157年在位。景帝,公元前157至前141年在位。

文帝和景帝还提倡节俭,大力减省财政开支。这一时期,社会较为安定,经济恢复的效果十分明显,历史上称为"文景之治"。

汉武帝的功业　公元前141年,汉武帝即位。在西汉前期经济恢复、发展的基础上,采取了一系列巩固统一的重要举措①。

政治方面,汉武帝大力强化对地方的控制。他采取分解、打击等手段,削弱诸侯王国②的势力,消除它们对中央的威胁;任用酷吏,严厉镇压地方豪强、游侠的不法行为,稳定社会秩序;还设立刺史,加强对地方官吏的监察。

经济方面,国家加强对经济的干预。铸造五铢(zhū,重量单位)钱,作为通行全国的法定货币。实行盐铁官营,由国家垄断盐、铁这两种重要物资的生产和销售。国家插手并经营商业贸易,以增加收入,平抑物价。打击商人,向他们征收动产税,逃税者没收全部财产。

思想方面"罢黜百家,独尊儒术"。他起用儒生做官,建立以儒学为主要标准的人才选拔和教育制度,将其他学派、学说排除在外。儒家学说自此获得了正统思想的地位。

在对内加强集权的同时,汉武帝对外也采取积极进取的政策,开拓了大片疆域,国威远播。

汉武帝在位的50余年,是西汉王朝的鼎盛时期。但他建功立业的举措,也给百姓带来了沉重的负担。

从西汉衰亡到东汉建立　公元前1世纪后期,土地兼并日益剧烈,破产农民沦为奴婢或外出流亡,社会动荡不安。公元9年,外戚王莽乘乱篡夺皇位,改国号为新,西汉灭亡。王莽推行了一系列改革,企图挽回危局。但措施不切实际,执行不得其人,反而使社会矛盾更加激化,农民起义风起云涌。王莽政权到公元23年就被推翻了。

公元25年,参加过农民起义的西汉宗室刘秀重建汉朝,不久定都洛

---

① 这方面的部分内容详见第七、八章。
② 西汉建立后,地方上郡县制与分封制并行。参见第七章。

阳，史称东汉。刘秀即汉光武帝。光武帝标榜"以柔道治天下"，采取轻徭薄赋政策，精简机构，提倡节俭，表彰儒学。他多次发布释放或禁止残害奴婢的诏令，并且在地方上推行"度田"，丈量耕地，核实户口。随后的明帝、章帝都勤于政事，注意整顿吏治，发展文教，还对黄河水灾进行了治理。社会经济在稳定的政局下逐步恢复、发展起来。

东汉的衰落 从公元1世纪末起，东汉政权开始出现衰落趋势。皇帝大都是幼年即位，由皇太后主持朝政。皇太后依靠父兄辅政，形成外戚专权的局面。皇帝成年后不甘心大权旁落，总是依赖亲信宦官铲除外戚势力，宦官又因而主宰朝政。外戚、宦官争斗不休，各谋私利，政治日益腐朽。

知识链接

2世纪中叶，外戚梁冀掌握朝廷大权。梁家共有7人封侯，2人拜大将军，57人担任卿、将等高级职务，还出了3位皇后、6位贵人（皇帝的妃子）。百官升职后要先到梁家谒见谢恩，地方进贡物品上等先送梁家，其次者才送入皇宫。《后汉书》称梁冀"在位二十余年，穷极满盛，威行内外，百僚侧目，莫敢违命"。159年，汉桓帝与宦官单超等5人合谋发动政变，发兵包围梁冀的将军府，逼迫他自杀。朝廷没收梁冀家产并变卖，得到巨额钱财，因而将当年全国租税的一半予以减免。

汉桓帝在位后期，宦官把持朝政。一些正直的官员、士大夫和太学生①形成反对宦官专权的政治势力，利用舆论抨击宦官，造成很大的社会影响。166年，宦官诬告大臣李膺（yīng）等人与太学生结党营私，诽谤朝政，将其定为"党人"，大肆逮捕。随后将他们逐归故里，禁锢终身，不许出

---

① 太学是汉朝的中央官学，始设于汉武帝时。

游和做官。169年,又以谋反罪名发起新一轮对"党人"的迫害,李膺等100多人死于狱中。史称"党锢之祸"。

在政治黑暗、民不聊生的局面下,民间宗教"太平道"传播日益广泛,发展了数十万信徒。184年,在首领张角组织下,各地太平道信徒同时发动起义,东汉的统治陷入混乱。起义军头裹黄巾,称为"黄巾军"。黄巾军缺乏统一的调度指挥,最终被官军各个击破。随后出现军阀割据局面,东汉政权很快就瓦解了。

➡ 思考题:

1. 比较汉武帝与秦始皇的异同。
2. 谈谈"黄巾军"。

第七章
两汉的制度与经济

> 古人说"汉承秦制"。两汉的制度是怎样继承秦朝的？有哪些重要的变化？与秦朝相比，两汉保持了较长时间的稳定统治，在此期间社会经济有怎样的发展？

国家制度 秦朝建立的君主专制中央集权政治体制，在两汉继承下来，并且有新的发展。

中央官员仍以丞相、太尉、御史大夫为首，丞相居于核心地位。这三个官职合称"三公"。汉武帝时，选拔一批资历较浅的官员入宫侍从皇帝，参与决策，形成一个称为"中朝"的小团体，丞相的权力被削弱。到东汉，从"中朝"官中发展出来的尚书台地位上升，重要事务多由皇帝与尚书台商议决定，再交付三公①下发执行，时称"虽置三公，事归台阁(指尚书台)"。

在地方，西汉建立后部分恢复了分封制，与郡县制并行。景帝时，以吴王刘濞(bì)为首的七个诸侯王发动叛乱，被汉朝镇压。汉武帝即位后颁布"推恩令"，允许并鼓励诸侯王将封国土地再分封给子弟为侯，使诸侯国的力量趋于分散，基本上解除了它们对中央的威胁。

汉武帝时，全国划分为13个监察区，称为州，各设刺史一名，负责纠

---

① 东汉的三公分别称为太尉、司徒、司空。

察辖区内郡长官、诸侯和豪强的不法行为。刺史级别不高,但权力很大。东汉末年刺史改称"州牧",演变为统辖一州的高级军、政长官,地方行政体制由郡、县两级制变成了州、郡、县三级制。

官僚选拔方面,最主要的制度是察举,即朝廷定出选拔人才的科目,由地方长官按标准推荐。

知识链接

汉武帝时,下令各郡、国每年向朝廷荐举"孝者""廉吏"各一人,这是察举制度的开端。后来"孝者""廉吏"合并为"孝廉",成为汉代察举最主要的科目。察举以外,皇帝直接邀请某人做官,称为"征召";朝中公卿或地方州、郡长官聘请某人做僚属,称为"辟除"。

汉代沿用秦朝的户籍制度,所有百姓都被编入户籍,承担赋税和徭役、兵役。赋税包括按土地征收的"租"和按人口征收的"赋"。对农民来说,租的份额不高,但赋的负担较重。他们还可能受到官府额外税收和超期服役的剥削。

农业　汉代农业在战国以来的基础上达到了中国古代的第一个高峰,为以后2,000年农业的发展树立了基本模式。

西汉铁农具的使用已相当普遍,牛耕也十分普及。出现了形制较大的耦犁,犁铧全由铁铸,宜于深耕,用二牛抬杠共挽,三人合作驾驭。后来又有进一步改进,一人即可操作。播种方面出现了开沟、条播相结合的耧车,一天可以播种一顷[①]地。汉武帝时赵过在西北地区推行"代田法",将一亩耕地分为三沟三垄,耕作时沟垄逐年代换以恢复地力,大大提高了粮

[①] 一顷为100亩。当时亩的面积比现在要小,100亩相当于今天近70亩。

食产量。水利建设成就显著,关中形成了由郑国渠①、漕渠、白渠、龙首渠等许多渠道构成的水利网,其余地区也修建了为数众多的中小水利设施。

知识链接

《汉书·地理志》记载西汉末期公元 2 年全国的土地、户口数字为:全国土地近 14,514 万顷,其中已开垦土地 827 万余顷;户数 1,220 余万,口数近 5,960 万。其中的第一个数字,与当代学者计算出的西汉疆土总面积误差仅为 7%。后面的三个数字,也被认为是中国历代耕地、户口数字中最精确的数据之一,充分反映了西汉农业发展的成就。

东汉农业继续发展,南方农业水平明显提高,东汉后期曾屡次在长江中下游调拨租米赈济中原灾民。

手工业 两汉手工业有官、私之分。官府手工业行业繁多,体系庞大。私营手工业包括农村家庭手工业和独立的民营手工作坊,也相当繁荣,西汉前期还出现了一批经营致富的大手工业者。

丝织是纺织业最发达的部门,产品品种繁多。湖南长沙马王堆西汉墓出土了大量精美的丝织品,其中的素纱单衣薄如蝉翼,身长 128 厘米,袖通长 190 厘米,重量只有 49 克。

冶铁业规模相当大,已开始用煤作为冶铁燃料,并使用淬火②技术,使铁器更为坚韧锋利。东汉杜诗发明了水排,用水力鼓风冶铁,大大提高了工作效率。炼钢技术也有初步的发展。

制盐业的生产方式因地而异。沿海地区生产海盐,山西西南部利用天然盐池制造池盐,四川以掘井的方式挖取井盐。汉武帝推行盐铁官营

---

① 郑国渠是秦统一前夕开凿的渠道。
② 淬火,指将铸造成型的铁器浸入水中,以提高其坚硬程度。

制度,反映了盐和铁两种手工产品在当时国家经济中的重要地位。

漆器制造也很发达,工序复杂,工艺精美。制瓷技术在江南初步成型。造船业能够造出高达十几丈的楼船。

商业和城市　西汉的商业十分繁荣。司马迁描述武帝时期:"富商大贾周流天下,交易之物莫不通,得其所欲。"全国形成了若干大的经济区域,首都长安与洛阳、临淄、邯郸、成都、宛并为全国六大区域中心都市①。城市之内设有专供贸易的"市",其中店铺林立,行业繁多,商品丰盛。货币经济发达,通用黄金和铜钱作为交换媒介。汉朝与周边国家、民族的贸易也相当兴盛。

东汉的商业活动仍然比较活跃。但以地主田庄为代表的自然经济因素也在逐渐上升,布帛等实物开始充当交换媒介,金属货币的地位下降,商业显露出衰退的趋势。

思考题:

1. 西汉经济发展取得了哪些重要成就?如何看待其在中国经济史上的地位?

2. 谈谈《汉书·地理志》。

---

① 临淄、邯郸、宛早在战国时即已成为著名的商业都会。参见第三章。

第八章
两汉的边疆民族与中外交通

> 两汉时期,边疆少数民族十分活跃。这一时期有哪些重要的民族?汉朝与它们的关系怎样?中外交通有哪些重要路线?

匈奴与鲜卑 秦统一六国前后,一个强大的游牧民族匈奴也统一了北方草原,与秦隔长城对峙。西汉前期,匈奴不断南下袭击汉朝边境。由于国力尚未恢复,西汉不得不通过"和亲"的策略尽量维持和平,将宗室女子作为公主嫁给匈奴的单于①,并开放边境贸易。

汉武帝时,西汉国势强盛,对匈奴展开了大规模的反攻。公元前127年至公元前119年,汉将卫青、霍去病率军三次北伐,夺取了阴山以南和河西走廊的大片地区,匈奴受到重创,被迫从漠南迁徙到漠北。

公元前1世纪中叶,匈奴发生内乱,5位单于争立,其中的呼韩邪(yé)单于率众降附西汉,亲自到长安入朝。后来呼韩邪单于控制了匈奴的局势,汉元帝将宫女王昭君嫁给他。此后40余年,双方关系和睦。

知识链接

王昭君,名嫱。公元前33年,汉元帝下令挑选宫女赐给来朝的呼韩

---

① 单于是匈奴君主的称号。单读 chán。

邪单于,昭君主动请求入选。呼韩邪单于与昭君成婚后,给她加号"宁胡阏氏①"。呼韩邪死后,其长妻"大阏氏"之子继位,昭君又按照匈奴习俗与他再婚。昭君远嫁匈奴,对确保当时汉、匈关系的和平友好起到了重要作用,得到后人称颂。

东汉初年,匈奴分裂为南、北二部。南匈奴归附东汉,移居到东汉北部境内。北匈奴仍居漠北,与东汉对抗。公元1世纪后期,汉军两度出击,大败北匈奴。北匈奴政权崩溃,其部众大多西迁。

匈奴西迁后,原居大兴安岭西侧的鲜卑占据大漠南北,一度形成统一的部落联盟,威胁东汉边境。但到东汉末年,鲜卑部落联盟又告瓦解。

张骞通西域与丝绸之路 汉代的西域,包括今天我国新疆以及中亚部分地区,当时有几十个小国。汉武帝为联络这些国家共同对抗匈奴,于公元前138年派张骞出使西域。张骞一直西行到帕米尔高原以西的大月氏(ròu zhī),获得大量前所未闻的西域资料。公元前119年,张骞第二次出使西域,当地诸国也纷纷派使者回访,汉朝与西域的联系日益密切。公元前60年,西汉设置西域都护,作为朝廷的代表镇守西域,保护商旅往来,确定了西域对汉朝的臣属关系。

知识链接

张骞首次出使西域的过程十分坎坷。大月氏早先居于祁连山麓,被匈奴击破而西迁。汉武帝欲伐匈奴,希望大月氏从西面夹击,遂派张骞前往联络。张骞西行途中被匈奴俘虏,扣留10年有余方才逃脱,历经艰险到达大月氏。但大月氏已经放弃了向匈奴复仇的打算,张骞并未达到出使的目的。返回途中,又被匈奴俘获,1年多后逃出,终于在公元前126

---

① 阏氏,读 yān zhī,匈奴语,相当于皇后。胡,指匈奴,宁胡,意谓使匈奴安宁。

年回到长安。出发时他带领的使团共有100余人,最终回来的只有2人。

东汉初年,北匈奴乘乱控制了西域。公元74年,东汉复设西域都护。经过一段时间的艰苦经营,终于重新确立了对西域的统治。

两汉对西域的经营,促进了中西交通的发展。早在西汉以前,中国的丝绸已开始辗转贩运到中亚,但路途不畅,数量也很少。张骞通西域以后,汉朝与西域各国的使者、商人接踵往来,大量丝织品不断西运,西域的珍奇特产也陆续输入内地。这条通道继续延伸,经中亚沟通南亚、西亚,被学者称为"丝绸之路"。中国与上述地区由此开始了比较频繁的经济文化交流。中国的铁器、丝绸以及养蚕缫丝、铸铁、造纸等技术逐渐西传。印度的佛教也通过丝绸之路传入中国。

知识链接

两汉时期,丝绸之路西部的大国主要是古伊朗帕提亚王国和罗马帝国,中国史书分别称之为安息和大秦。安息曾两次遣使到东汉,赠送狮子、鸵鸟等物。公元97年,东汉西域都护班超派遣甘英出使大秦,只行至波斯湾,未能到达目的地。166年,有大秦使者从海路到达中国,向东汉皇帝贡献象牙、犀角等礼物,自称是大秦王安敦所派遣。这是中国史书中有关中国同欧洲交往的最早记载。

百越和西南夷 越人是我国上古时期东南和南部沿海地区的少数民族,部落繁多,分布广泛,故称百越。百越原已被秦朝统一,但在秦末又建立了东瓯(在今浙江)、闽越(在今福建)、南越(在今两广)等几个半独立政权,西汉初年称臣为藩属。汉武帝时,东瓯主动内附,闽越、南越叛乱被平定,百越地区重新纳入中央政权的直接统治。

秦汉时期，在四川西南部和云贵地区分布着几十个语言不同、风俗各异的民族，史书统称为"西南夷"。汉武帝时，用招抚、征伐相结合的手段，促使西南夷大批内属，设置郡县，同时也授给当地酋长王、侯等头衔。

海外交通　两汉时期，朝鲜半岛南部存在着马韩、辰韩和弁韩三个部落联盟，合称"三韩"。三韩与汉朝建立了贸易往来。其中的辰韩受中国文化影响较大，又被称为"秦韩"。

两汉文献称日本为"倭"。当时日本列岛上存在着很多部落，自汉武帝时起，共有30多"国"的使节到达汉朝。《汉书·地理志》记载了倭人的生产、生活和习俗，说明我国那时已对日本有一些了解。东汉建立后，日本有"倭奴国"前来朝贡，光武帝赐给他们印绶。后来日本出土了"汉委奴（即倭奴）国王"金印，证实了相关的历史记载。

汉朝人已经积累了一定的海上航行经验。汉武帝时，开辟了与东南亚、南亚等地的水上交通线，学者称之为"海上丝绸之路"。它从福建、广东沿海港口出发，沿印支半岛海岸线南下，经马六甲海峡，到达孟加拉湾沿岸各国，最远抵达印度半岛南端。沿着这条路线，汉朝与东南亚、南亚的许多国家和地区建立了联系。

思考题：

1. 汉朝与匈奴的关系是怎样发展变化的？
2. 如何理解张骞通西域的历史意义？

第九章
两汉的文化

> 汉代长期维持着大一统的稳定局面,给文化发展创造了良好的环境。那么,这一时期的文化有哪些重要的发展成果呢?

儒学的发展　儒家学说在汉武帝时获得"独尊"地位。"独尊儒术"的倡议者董仲舒,是汉代儒学最重要的思想家。

董仲舒发挥先秦儒家重视等级名分的伦理思想,将其概括为"三纲",即君为臣纲、父为子纲、夫为妻纲。又着重阐发了《春秋公羊传》[①]提出的"大一统"概念,称之为"天地之常经,古今之通谊"。这些思想都适应了君主专制中央集权制度的需要。

董仲舒还提出一套"天人感应"理论。他认为天具有知觉和感情,其喜怒哀乐会通过人世间一些特殊自然现象体现出来。君主受命于天,百姓不可违抗;但同时君主也不应当胡作非为,以免触犯天怒。

史学　汉代史学成就突出,出现了司马迁《史记》和班固《汉书》两部史学巨著。

司马迁,西汉中期人。他撰写的《史记》叙述了上起黄帝、下至汉武帝两三千年间的历史。全书130篇,52万余字,以人物传记为主,编年、纪

[①] 《春秋公羊传》是战国、秦汉间儒家门徒对《春秋》进行阐释的一部著作,西汉时成为儒家经典。

事为辅,结构巧妙而周全。这种由司马迁首创的"纪传体"成为以后中国古代史学著作最重要的体裁,被誉为"创例发凡,卓见绝识","范围千古,牢笼百家"①。《史记》本着"究天人之际、通古今之变、成一家之言"②的宗旨,把经济发展、学术演变、民族关系、社会生活与国家的政治、军事活动融为一体,通贯而全面地反映了历史的面貌,随处体现出作者对历史深刻的洞察力和独到的见解。它在记载求真求实的同时,又能做到文笔优美流畅,人物形象栩栩如生,是一部集史学、文学、思想价值于一体的不朽名作。

班固生活于东汉前期。他对《史记》所载西汉史事进行大规模增补,完成了专记西汉历史的《汉书》。全书 80 万字,体例更加严谨,文字典雅,内容充实,是我国第一部纪传体的王朝断代史。

知识链接

《史记》包括本纪、表、书、世家、列传 5 个部分。《汉书》取消"世家",并将"书"的名称改为"志"。此后记载历代王朝史事的断代纪传体史书,体裁基本相沿不变。到清朝中叶,皇帝将上起《史记》、下至《明史》的 24 部首尾相接的纪传体史书钦定为"正史",合称"二十四史"。

文学 两汉文学最有特色的体裁是赋和乐府诗。赋是一种介于韵文和散文之间的文章,讲究铺陈排比,辞藻华丽。汉赋中最有代表性的作品,是枚乘、司马相如等人写作的"大赋",其中铺叙宫殿、都城、园林之豪奢,描述帝王行猎、出巡之壮观,结构庞大,气势恢宏,反映了汉帝国的强盛和富庶。

---

① 这是清代史学家章学诚的评价。
② 这是司马迁自己对《史记》写作目的的概括。

汉代中央设有乐府，负责采集民歌配曲入乐，以供演唱。乐府采集并配乐的民歌就是乐府诗，体裁以五言为主，内容丰富多样，语言朴实自然，情感真挚细腻，具有很高的文学价值。东汉后期，一些佚名的文人吸取乐府诗的技巧，创作了反映士大夫内心世界的《古诗十九首》，对后世的文人五言诗有很大影响。

汉代的散文也有不少名作，《史记》中的叙事文和西汉前期贾谊、晁错的政论文尤为突出。

艺术　汉代的绘画已有较高成就。长沙马王堆西汉墓出土的彩色帛画，描绘了许多人物和神怪，富有浪漫主义气息。内蒙古和林格尔东汉墓室中的几十幅彩色壁画，构图严谨，造型生动，是现实主义的艺术杰作。

知识链接

西汉后期到东汉，流行一种特殊绘画艺术——画像砖石。它通常以线条雕刻的形式出现在坟墓或房屋建筑的砖石上，不仅具有较高的艺术价值，而且是研究当时社会生活和精神世界的宝贵资料。

书法在东汉已经成为一种专门艺术，出现了以工书知名的书法家，以及讨论书法要诀、技巧的书学论述。代表人物有崔瑗、蔡邕等。

科技　两汉在数学方面取得了重要成果。西汉中期的《周髀算经》，从天文观测中概括出包括勾股定理在内的一些数学定理。至迟在东汉成书的《九章算术》，汇集200多道数学应用题及解算方法，囊括了初等数学的大部分内容，标志着中国古代数学已形成体系。

中医药学的体系在汉代已经建立。成书于战国至西汉之间的《黄帝内经》奠定了中医理论的基础。东汉时的《神农本草经》是中国古代第一部药物学专著。东汉末年，张仲景著《伤寒杂病论》，具体论述了中医的辨证施治方法，对后世影响很大，后人将他尊为"医圣"。同时期的名医华佗,发明了世界上最早的外科手术麻醉剂"麻沸散"。

我国是世界上最早发明纸的国家。西汉时已经出现植物纤维纸。105年,东汉宦官蔡伦向皇帝呈上他用树皮、麻头、破布、渔网等原料制造的纸,造价低廉并且宜于书写,人称"蔡侯纸"。从此,纸逐渐取代笨重的竹简和昂贵的绢帛成为主要书写材料,有力地推动了中国和世界文化的传播和发展。

➡️ **思考题:**

1. 如何看待《史记》的历史地位?
2. 谈谈两汉的科技成就。

第十章
三国两晋南北朝政权的更替

> 三国两晋南北朝是中国历史上一个较长的分裂时期。这段时间的政治形势是怎样演变的?有哪几个主要的阶段?结局如何?

三国与西晋 东汉末年军阀拥兵割据,经过二三十年的混战,只剩下曹操、刘备、孙权三大集团。

曹操的势力范围最初在河南。他控制了东汉最后一个皇帝汉献帝,取得"挟天子以令诸侯"的政治优势。在200年的官渡[①]之战中,曹操击败实力强大的袁绍,基本统一北方。208年,曹操大举南征,在赤壁[②]之战中败于人数居于劣势的孙权、刘备联军,狼狈撤回。战后刘备进占四川,孙权巩固了在东南地区的统治。曹操死后,其子曹丕于220年取代东汉称帝,定都洛阳,国号魏。刘备、孙权也相继称帝。刘备系出汉朝皇族,仍用汉的国号,史称蜀汉。孙权国号吴。这样,就形成了三国鼎立的格局。

魏、蜀、吴三国鼎立期间,战争不断。刘备死后,蜀汉丞相诸葛亮多次北伐曹魏,但因国力不足,都无功而返。蜀、吴两国对南方少数民族地区的控制更为强化。230年,孙权派将军卫温、诸葛直率军队航海到达"夷洲",也就是今天的台湾,加强了这一地区与大陆的联系。

---

① 官渡,在今河南中牟。
② 赤壁,在今湖北赤壁西北。

263年,曹魏权臣司马昭发兵灭蜀。266年,司马昭之子司马炎代魏称帝,国号晋,史称西晋。司马炎即晋武帝。280年,西晋灭吴,完成统一。

西晋的统一十分短暂。晋武帝死后,继承者惠帝昏庸弱智,一批宗王展开对中央权力的争夺,由宫廷政变演化为内战,并进而引发了流民和内迁少数民族的暴动。316年,西晋被内迁匈奴贵族刘渊建立的汉国所灭。自此中国又进入一个比较长的分裂时期,起初是东晋十六国的割据,后来演变为南北朝的对峙。

东晋与南朝 317年,西晋宗室司马睿在建康(今江苏南京)重建晋朝,史称东晋。

自三国、西晋以来,一些声名显赫的士大夫家族世代把持官位,享受政治、经济等方面的特权,形成一个特殊的社会阶层,称为士族。逃到南方的几家北方高门士族先后执掌朝政,成为东晋政权的主要支柱。由南下北方流民组成的军队,则成为东晋立国的基本军事力量。东晋统治集团曾经组织流民军队发动过几次北伐,但都因为士族内部矛盾,没有取得大的进展。

知识链接

东晋建立之初,执政的士族是琅琊①王氏。这一家族的王导在朝中担任宰相,王敦统重兵坐镇长江中游,内外相应,时称"王与马(即司马氏),共天下"。司马睿即位接受百官朝贺时,甚至请王导上台与他并坐,王导坚决推辞,方才作罢。此后,又有颍川庾氏、谯国桓氏、陈郡谢氏、太原王氏②等士族相继掌权。

---

① 琅琊(yá),在今山东临沂北。
② 颍川,在今河南许昌西。谯国,在今安徽亳州。陈郡,在今河南淮阳。太原,在今山西太原。

东晋后期,几家执政的高门士族均已衰败,政局混乱。420 年,在动乱中掌握实权的武将刘裕篡夺皇位,国号宋。此后 170 年间,南方先后经历了宋、齐、梁、陈四个王朝,合称"南朝"。其中齐又称南齐,以与北朝的北齐相区别。四个王朝均定都建康,加上先前在此定都的吴①和东晋,又统称为"六朝"。

刘裕篡晋之前曾发动北伐,灭掉北方的两个少数民族政权。因此刘宋统治前期,疆域北抵黄河,是"六朝"版图最大的时期。但随后在与北魏的交战中渐处下风,疆界又退回到淮河一线。从刘宋中叶到南齐,昏君、暴君迭出,统治集团内部杀戮不已,政局动荡。

梁朝第一个皇帝梁武帝在位近 50 年,政局比较稳定。但在他的晚年,北方降将侯景发动叛乱,江南陷入战火之中,元气大伤。到陈朝,北部边界已退到长江一线,又丢掉了四川和荆襄,在南北对峙中处于明显劣势,覆亡大局已定。

十六国与北朝 东晋统治南方的时候,我国北方先后出现了一批割据政权。这些政权最主要的有 15 个,其中大部分是匈奴、鲜卑、羯、氐、羌 5 个少数民族建立的,加上西南地区的成汉,合称"十六国"。

匈奴		羯	鲜卑					氐(dī)		羌	賨②	汉		
汉·前赵	北凉	夏	后赵	前燕	后燕	南燕	南凉	西秦	前秦	后凉	后秦	成汉	前凉	北燕	西凉

十六国之后,北方相继出现北魏、东魏、西魏、北齐、北周五个王朝,合称北朝,与南朝并称南北朝。

北魏是北朝统治时间最长的王朝。它的建立者鲜卑拓跋部起初生活在大兴安岭北段,后来逐步南迁,建立政权。439 年,北魏统一北方,先后

---

① 建康在吴国称为建业。
② 賨(cóng)是古代活动于四川北部的一个少数民族。它建立的成汉位于今天的四川和云南。

与南朝宋、齐、梁政权形成对峙。在南北交战中,北魏大多数时候居于主动地位,北强南弱的格局逐渐形成。

知识链接

据记述北魏历史的《魏书》所载,鲜卑拓跋鲜卑部早先活动于"大鲜卑山",北魏建立后,曾派人到大鲜卑山的一座"石室"祖庙进行祭祀。1980年,考古文物工作者在内蒙古呼伦贝尔市鄂伦春自治旗阿里河镇4公里外的一个山洞——嘎仙洞的石壁上,发现了北魏皇帝祭祖时镌刻的祝文,文字与《魏书》的记载相同,证明嘎仙洞即《魏书》中提到的"石室"祖庙,所谓"大鲜卑山",指的就是大兴安岭北段。

6世纪前期,北魏发生动乱,两名皇族被人拥戴,分裂为东魏和西魏。稍后,东魏、西魏又分别被北齐、北周所取代。北齐的建立者是汉族军阀高氏,这个家族出身边陲,具有很强的鲜卑化特征。北周建立者则出身于鲜卑宇文部。北齐占有经济发达的黄河中下游地区,实力较强,但内部争斗激烈,皇帝大多昏庸残暴,很快由盛转衰。北周以关中为根据地,大力整顿吏治,强化基层管理,统治比较稳定,并且乘乱从南朝夺取了四川和荆襄,呈现后来居上之势。577年,北周灭北齐,再度统一北方。不久隋朝取代北周,统一全国,结束了长达数百年的分裂割据局面。

思考题:

1. 中国古代多次出现南北分裂的局面,基本上最终都是北方统一南方。其原因何在?
2. 谈谈曹操。

第十一章
民族融合与南方的开发

> 三国两晋南北朝长达数百年的分裂和战乱,给当时的社会造成的巨大破坏是不言而喻的。但能否因此就简单地将这段时期否定呢?从积极的角度看,它具有哪些重要的历史贡献?

少数民族的内迁 自东汉以来,西、北边陲的一些民族不断向内地迁徙。东汉末年的北方军阀由于劳动力、兵源不足,也大量从塞外招引边疆民族。到西晋,迁入长城以内的民族主要有匈奴、羯、氐、羌四支,加上活动在长城边缘的鲜卑,史书上称为"五胡"。内迁少数民族的人数十分可观,并州(今山西)匈奴达到20余万人,氐、羌等少数民族则占了关中总人口的一半。他们受到西晋官府和汉族地主豪强的剥削和压迫,积郁了很深的民族对立情绪,成为推翻西晋政权的主要力量。

知识链接

据学者研究,当时西、北少数民族的内迁,可能与气候变冷有关。自东汉时起,我国气候开始转冷,3世纪后期的年平均温度比20世纪中期要低1到2摄氏度。直到6世纪下半叶,气候才重新变暖。以后金、元、清等少数民族政权入主中原,也都发生在气候比较寒冷的时期。

十六国的大部分都是少数民族建立的。在长期的混战中,各族割据势力逐渐削弱,原有的民族布局被打乱,民族之间的差异慢慢缩小。各国都采用了中原模式的国号、年号,学习汉族的典章制度。例如十六国中第一个政权,虽由匈奴贵族建立,但却用"汉"作为国号①。各少数民族的上层人物,许多也有很高的汉文化水平。但就北方社会整体而言,距离民族融合还有一个较长的过程。各民族在相当长时间内还保留着自己的语言、风俗和部落组织,民族歧视、民族压迫现象仍然广泛存在。

4世纪下半叶,十六国中由氐族建立的前秦统一北方。前秦皇帝苻(fú)坚自恃强盛,于383年大举发兵进攻东晋,企图统一全国。两军战于淝水②,前秦的兵力虽居压倒性优势,但却军无斗志,东晋以少胜多,获得大捷。被前秦征服的其他少数民族纷纷乘乱自树旗帜,强大的前秦政权很快崩溃,北方再度陷入混战,一度稍显缓和的民族矛盾又加剧了。

北方人民南迁与南方的开发 从西晋末年到东晋,北方人民为躲避战乱和民族压迫大批流亡南下。据估计,南朝初期官府控制的户口中,约有六分之一来自北方。

知识链接

两晋时期南下的北方移民,无论社会地位、生产技能还是文化程度,总体而言都高出南方的一般水平。因此北方移民在南方发挥的作用,要大大超出其所占的人口比例。南朝四个王朝中,前三朝的皇帝都是北方移民后裔。据统计,记载南朝历史的《南史》共为728个人物立传(不计后妃、宗室、孝义等"类传"),其中原籍北方的多达506人。

---

① 汉国后来改国号为赵,史称前赵。
② 淝水,在今安徽寿县东。

北方人口的大量南迁,充实了南方的劳动力资源,有力地推动了当地农业的发展。东晋南朝政权为了自身的利益,也推行了一系列重农政策。这一阶段,南方土地大量开垦,耕作技术明显进步,水利灌溉兴修较多,农作物品种增加,单位面积产量也有提高。长江下游是最主要的粮食产区,其次为洞庭湖、鄱阳湖流域和成都平原。

手工业方面,纺织业的发展已很普遍,由于产量增加,南朝中期的丝织、麻织品价格比东晋明显下降。冶铁业、制瓷业、造船业的技术都有显著提高。造纸业则是南方新兴的手工业,能制造光洁度很高的白纸,被诗人咏为"皎白犹霜雪,方正若布棋"。官府文书普遍用纸取代了简牍。

商业以长江沿岸最为活跃,建康、江陵(今湖北荆州)、成都是重要的商业都市。番禺(今广州)则是主要的外贸港口。

东晋南朝的南方开发是不平衡的,不少地方特别是山区还处在较为落后的阶段,但毕竟为以后我国经济重心的南移奠定了基石。

北魏孝文帝改革与北方民族融合 建立北魏王朝的鲜卑拓跋部,十六国时活动于代北地区①,位置偏居边陲,社会发展相对滞后。因此在北魏前期,民族矛盾一直比较明显。汉族和其他少数民族频繁掀起反抗斗争,北魏的统治很长时间内都不完全稳定。

北魏中期,孝文帝拓跋宏在位时,推行了一系列改革。其中一个重要方面,就是大力学习汉族先进文化,消除民族隔阂,推动民族融合。

北魏建国后定都于代北的平城(今山西大同)。494年,孝文帝排除保守鲜卑贵族的干扰,将都城迁到洛阳。随后,他下令推行一系列改革鲜卑旧俗的工作,以汉族服饰取代鲜卑服饰,朝中禁鲜卑语,改说汉语。迁洛的鲜卑贵族一律将籍贯改为洛阳,死后不得归葬代北。改鲜卑姓为汉姓,其中皇族拓跋氏改姓元。模仿魏晋汉族社会中的士族制度,将新改姓的穆、陆等8家鲜卑贵族定为一等高门,并鼓励他们与汉族高门士族通婚。

---

① 代北,指今内蒙古南部、山西北部,处于漠南草原与黄土高原的交接地带。

> **知识链接**

孝文帝改革还包括其他一些重要内容。主要有：

1. 整顿吏治，加强对官员的考核；制定俸禄制度，严惩官吏贪赃枉法。

2. 颁布均田令，按一定的标准将国家控制的土地分配给农民耕种，严格限制买卖，并且制定了相应的赋税制度。

3. 推行三长制，民户每五家设一邻长，五邻设一里长，五里设一党长，负责检查户口，征发赋役，以加强国家对社会基层的控制。

孝文帝即位时年幼，其祖母冯太后主政，上面三项措施主要是冯太后制定的，孝文帝亲政后继续推行。

孝文帝的上述改革措施顺应了西晋以来北方民族交往、融合的历史趋势，大大缓解了北魏的民族矛盾，促进了北魏的经济发展和社会繁荣，为以后北方统一南方以及隋唐盛世的出现打下了坚实的基础。

思考题：

1. 如何理解东晋、南朝江南开发的重要意义？

2. 有学者认为，孝文帝改革导致鲜卑族丢掉了勇武质朴的民族特性，致使这个民族从历史上逐渐消失，也间接造成了北魏的衰亡，因此应予否定。你认为这种看法有道理吗？

第十二章
三国两晋南北朝的文化

> 三国两晋南北朝时期，中国文化的发展并没有因为政局的动荡而停滞不前。它的发展成果主要表现在哪些领域？具体有什么新的成就？

佛教和道教的传播 佛教是世界三大宗教之一[①]，公元前6至前5世纪由释迦牟尼创建于古印度。它认为人生"无常"，充满痛苦，通过断绝欲念，努力修行，可以达到破除烦恼、超越生死的奇妙精神境界，称为"涅槃"。又宣扬灵魂不灭、因果报应、轮回转世，普通人只要坚持信佛、行善，即使无法摆脱现世的痛苦，也可以在来世获得回报。

佛教早在汉代即已传入中国。魏晋以下，社会动荡，佛教理论为在苦难中挣扎的人们提供了精神寄托，也因适应统治者稳定局势的需要，而得到迅速的传播。十六国的一些君主认为佛是代表少数民族的"戎神"，对佛教更是大力扶植。后秦时，高僧鸠摩罗什在长安主持译经，把一批重要的佛教经典介绍到了中国。这段时间还开始有中国僧侣西行取经，最著名的是法显，他在399年65岁高龄时经由陆路去印度取经，14年后从海路返回中国。

---

① 另外两大宗教是基督教和伊斯兰教。

> 知识链接

鸠摩罗什,印度人,出生于龟兹(今新疆库车)。主持翻译佛经35部,共294卷,其中包括《金刚经》《妙法莲华经》《阿弥陀经》等重要经典。此前用汉语翻译的佛经,往往词不达意,或是晦涩难懂,鸠摩罗什的译本则既精确又通顺,将佛经翻译推进到新的水平。

法显,俗姓龚。他不仅抄写、翻译了大量佛教经典,还撰写了游记《佛国记》(今名《法显传》),对研究当时的中外交通和中亚、南亚历史文化具有重要价值。

南北朝的佛教更为兴盛。寺院拥有大量的土地和依附人口,还经营商业和高利贷,聚敛财富。由于寺院经济膨胀损害了国家利益,北魏和北周曾经发生两次大规模的灭佛运动。在南朝,一些士大夫从理论上与佛教进行辩论。齐、梁时期的范缜著有《神灭论》,批评佛教灵魂不灭、因果轮回的说法。不过这些反佛的行动和言论都没有从根本上遏制佛教在中国的发展。

道教形成于东汉,是民间神仙方术与道家思想结合的产物。尊老子为教主,相信人通过修炼可以长生不死,得道成仙。发动黄巾起义的太平道,是道教的一个早期分支。自东晋时起,道教信徒中的一些上层士大夫对它进行改革,吸取儒家伦理和佛教理论,丰富了道教教义,并完善其教规。东晋葛洪的《抱朴子·内篇》对道教理论体系的建立贡献很大,其中有关炼丹的内容还涉及不少化学和医药学知识。以后道教的传播逐渐广泛,但总体而言在社会上的影响不如佛教。

文学 这一时期的文学成就以诗歌最为突出。文人诗创作有明显的进步。曹魏建立前后,以曹操、曹植①父子为代表的一批诗人,写出了不

---

① 曹植,曹操第三子,曹丕之弟。

少内容充实、风格苍凉而又富有生气的诗作,形成文人诗创作的一个高峰。东晋末年陶渊明的田园诗,描写并赞美农村田园生活,风格清新自然,朴实恬淡,深受后人赞誉。乐府民歌在南北朝继续发展,形成了南方婉约柔美、北方粗犷豪放的不同特征。

随着文学创作的发展,开始有人从理论方面进行总结。南齐刘勰著《文心雕龙》,是一部体大思精的文学理论著作,对历代重要的文学家及其著作进行评论,并论述了文学创作的基本原则和技巧。

艺术 三国两晋南北朝的书法艺术璀璨多姿,隶书、楷书、行书、草书等书体均已完备,出现了不少书法名家。东晋王羲之集前辈名家之大成,兼工各体,而又有自己的独特风格,被后人尊为"书圣",他的代表作《兰亭集序》是中国古代书法的极品。

绘画艺术也有重要发展,开始出现专门的画家。东晋顾恺之擅长画人物,其画作布局严密、线条流畅,人物栩栩如生。代表作有《女史箴图》和《洛神赋图》。南朝陆探微、张僧繇也都以绘画著称,有名的"画龙点睛"典故形容了张僧繇的神奇画技。

随着佛教的流行,十六国和北朝盛行开凿石窟,雕造佛像,发展出规模宏大、技巧精细的雕塑艺术。大同云冈石窟、洛阳龙门石窟是这一时期石窟的代表,均已成为举世闻名的艺术宝库。

科学技术 南朝数学家祖冲之对圆周率的推算取得了重大成就。他算出圆周率的数值在 3.1415926~3.1415927 之间,还给出了两个近似分数值,分别为"约率"22/7,"密率"355/113。上述小数近似值和"密率"分数值,精确程度领先世界近一千年。

知识链接

魏晋之际的数学家刘徽较早讨论了推算圆周率的方法。他在为汉代数学著作《九章算术》作注时提出"割圆术",在圆内作内接正多边形,用正多边形的面积推算圆周率值。他指出:多边形的边数越多,其面积与圆面积越接近,当边数无限增多,就几乎与圆面积相等了。是所谓"割之弥细,所失弥少,割之又割,以至于不可割,则与圆周合体而无所失矣"。祖冲之的数据就是以这一理论为基础,经过大量复杂运算而取得的。

北朝农学家贾思勰撰著的《齐民要术》,是我国现存最早并且完整的农书。书中系统地总结了6世纪以前我国北方的农学成就,深入探讨了北方旱地农业的耕作特点和耕作技术原则,还涉及农、林、牧、副、渔等多方面内容。

北魏地理学家郦道元的《水经注》,通过为古书《水经》作注,以《水经》为纲,全面而系统地介绍了水道流经地区自然地理、经济地理等方面的内容,是一部历史、地理、文学价值都很高的名著。

➡ 思考题:

1. 佛教和道教对三国两晋南北朝的政治、文化、科技发展有什么影响?
2. 谈谈圆周率。

第十三章
隋朝与唐前期的鼎盛局面

> 隋朝结束了数百年的分裂状态,重建强大的统一王朝。唐朝前期,继续巩固统一,政局稳定,社会繁荣,出现了"贞观之治"和"开元盛世"的鼎盛局面。上述成就是如何取得的?有哪些重要表现?

短暂的隋朝　581年,北周外戚杨坚代周称帝,改国号为隋,定都长安(今陕西西安)。杨坚就是隋文帝。589年,隋军渡江灭掉陈朝,完成了全国的统一。为强化中央集权,防止分裂割据再度出现,隋朝统治者采取了一系列重要措施。

平陈之前,在北方进行了户口调查,新查出并登记了大批人口,扩大了国家赋税来源。对地方行政制度进行改革,将东汉末年以来形成的州、郡、县三级制改为州、县两级制,提高了行政效率,降低了开支。过去地方官府的属官通常由地方长官任免,现在将这项权力完全收归中央,加强了中央对地方的控制。

平陈之后,大力强化对南方的统治和南北联系,将北方的管理制度推行到南方。隋文帝的儿子炀帝以洛阳为东都,并以东都为中心开凿大运河,北通涿郡(今北京),南达余杭(今杭州),全长4,000余里,是世界上最长的运河。大运河在隋朝和以后朝代的南北交通上发挥了重要作用,为沟通南北经济、文化联系作出了巨大贡献。

隋朝统一后,生产迅速发展,国家仓库里囤积了大量的粮食和财物。但统治者自恃强盛,好大喜功,徭役繁重,刑法严苛,很快又将隋朝推向崩溃的边缘。

隋炀帝在位后期,三次发动对高丽①的远征,征发士兵、民夫超过百万,死亡大半,民不聊生。611 年,山东农民首先发动起义,各地纷纷响应。618 年,隋炀帝被部将杀死,隋朝灭亡。

唐朝的建立与贞观之治　618 年,隋朝官僚李渊在长安称帝,国号唐。唐军相继击败各地的起义军和割据势力,很快统一了全国。

唐朝第二代皇帝太宗李世民即位后,注意吸取隋朝速亡的经验教训,居安思危,励精图治,出现了"贞观之治"②。当时北方一些地方发生天灾,太宗下令迅速开仓赈济,还拿出宫中财物,赎买因饥饿被卖掉的子女并归还父母。在隋末战乱破坏最严重的地区,很长时间内不征发徭役。其他地区征发徭役、兵役不夺农时,以利于农业生产的恢复。裁减中央、地方官员编制,提倡节俭,不准大兴土木。

在人才选拔方面,唐太宗能做到不拘出身、地域、民族,不避仇怨,人尽其才,兼收并用。他反对君主独断专行,强调"兼听则明,偏听则暗",虚心听取臣下的不同意见。当时的大臣魏征(zhēng)等人都以直言极谏著称,形成了古代少有的开明政治风气。

女皇武则天　唐太宗的儿子高宗在位时,皇后武则天③协助处理政务,逐步掌权。高宗去世后,中宗李显即位,武则天以皇太后身份临朝称制。690 年,武则天正式称帝,改国号为周。她是中国历史上唯一的女皇帝。705 年武则天去世,李显复位,恢复了唐朝的统治。

---

① 高丽,亦称高句丽,在今朝鲜半岛北部,也包括中国东北的部分地区。
② 贞观是唐太宗的年号,时间为 627 年至 649 年。
③ 武则天,名曌(zhào)。死后被追尊为"则天大圣皇后",故后世称其为武则天。

开元盛世　8世纪前期唐玄宗李隆基在位时,出现了为时较长的鼎盛局面,史称"开元盛世"①。

玄宗即位之后,大力整顿朝政,精简官僚队伍,加强考核措施。又广开言路,鼓励臣下进谏。他还注意减轻农民的赋役负担,动用政府的力量组织抵御自然灾害,为经济发展创造条件。过了不久,"盛世"现象已经呈现出来,农业丰收,仓储充实,物价低廉,社会稳定。诗人杜甫描述说:"忆昔开元全盛日,小邑犹藏万家室。稻米流脂粟米白,公私仓廪俱丰实。九州道路无豺虎,远行不劳吉日出。齐纨鲁缟车班班,男耕女桑不相失。"

隋和唐前期的民族关系　6世纪中期,游牧民族突厥崛起于北方草原,建立了强大的国家,其首领称为可汗。不久它分裂为东、西两部分,东突厥据有大漠南北,西突厥控制了西域和中亚。隋末唐初,东突厥多次南下进攻。629年,唐太宗抓住草原遭遇天灾的机会,出奇兵一举击溃东突厥主力,俘获颉利可汗,东突厥汗国灭亡。草原各部族共同尊奉唐太宗为"天可汗"。唐高宗初年,又灭掉了西突厥汗国。唐朝在西域先后设立安西都护府和北庭都护府,分治天山南北。

8世纪中期,原受突厥统治的回纥在漠北建立政权,其首领被唐玄宗册封为怀仁可汗。

吐蕃(bō)是藏族的祖先,约在隋朝时开始建立政权,首领称为赞普,经济上农牧兼营。唐初,赞普松赞干布统一青藏高原,定都逻些(今拉萨),创制了文字,制定和完善了各项制度。在松赞干布要求下,唐太宗将宗室女文成公主嫁给他。文成公主带去大批精美的手工艺品和多种技术、医药书籍,促进了吐蕃经济、文化的发展。唐中宗时,又以金城公主与吐蕃赞普成婚。

---

①　开元是唐玄宗在位前期的年号,时间为713年至741年。

知识链接

唐朝前期边疆民族建立的政权还有渤海和南诏，它们的经济都以农业为主。

渤海的建立者是靺鞨(mò hé)。靺鞨分布在松花江、黑龙江流域，其中北边的黑水部和南边的粟末部比较强大。7世纪末，粟末靺鞨首领大祚荣建立政权，被唐玄宗封为渤海郡王，以后这个政权就称为渤海国。在渤海国北边的黑水靺鞨地区，唐朝也设置了都督府，任命其首领为都督。

唐朝前期，云南西部洱海一带分布着六个政权，称为"六诏"，是今天彝族和白族的祖先。唐玄宗时，六诏中位置最南边的南诏统一了云南全境，其首领被唐册封为云南王。

思考题：

1."贞观之治"和"开元盛世"的局面是怎样出现的？这一盛世的出现对今天有何借鉴之处？

第十四章
隋唐制度的革新

> 隋唐鼎盛局面的出现,与一些具体制度的制定、贯彻有关。这一时期究竟有哪些重要的制度?

三省六部制 隋唐国家机器的核心是三省六部。三省分别是尚书省、中书省和门下省,它们都是从汉代"中朝"系统中发展出来的机构,已经彻底取代了秦汉三公在朝廷中的首脑位置。三省在处理政务方面有明确的分工。中书省负责出令,即代表皇帝起草诏令;门下省负责封驳,即对中书诏令进行审核,不妥者驳回;尚书省负责施行,即将通过的决策下发六部,监督其付诸实施。中书、门下两省设于宫内,尚书省设于宫外。三省的权力互相牵制,便于集思广益,保证国家政策的合理性,也有利于皇权的巩固,但行政效率不免略受影响。

知识链接

隋朝和唐初,以三省长官为宰相。他们每天上午在宫内的政事堂①(后改称"中书门下")商讨国家大事,午后各归本省处理本职工作。以后皇帝经常给某些级别稍低的官员加上"同中书门下平章事"一类头衔,让

---
① 政事堂起初设在门下省,后来迁到中书省。

他们参加宰相办公会议。久而久之,"同中书门下平章事"(简称"同平章事")就成为宰相的专称。与此同时,三省分工也出现简化的趋势。宋朝名义上有三省,实际上只以尚书省为主。金、元两朝只有一省,明初连这一省也废掉。但六部的设置直到清朝基本未变。

六部是尚书省属下的行政职能部门,其中吏部主管人事,户部主管财政经济,礼部主管文化教育,兵部主管军事,刑部主管司法,工部主管工程建设。每部下辖四司,共二十四司,分工处理政务。此外,还有九寺、五监,品级大体与六部相当,各自主管某方面的事务,受六部的制约。这样,就形成了一套完备的中央行政体系。

科举制 隋代开始出现一种新的选官制度科举制。它的特点是通过考试选拔官员,因为有多种报名科目,"分科举人",故称科举。唐代科举最基本的两种科目是明经和进士。明经主要测试对儒家经书的背诵功底,录取相对容易。进士以考文学为主,命题写作诗赋,录取较难,因此也最受重视。科举制使大批门第不高的读书人通过相对公平的考试参加政权,扩大了官员的来源,提高了官员的文化素质,成为后代最重要的选官制度。

律令格式 隋唐的法制建设成就突出,形成了由律、令、格、式四种形式构成的法典体系。其中律是惩罚犯罪行为的刑法典,令是正面规定的规章制度条例,格、式分别为律、令的补充与变通细则。

流传到今天的《唐律疏议》包括唐律的律文和解释,是我国现存最早并且完整的法典。它系统地总结了前代法律实践经验,具有立法审慎、内容周详、条目简明、解释准确等优点,不仅影响以后的王朝,而且影响到东亚日本、朝鲜等国,在中国和世界法制史上都占有重要地位。

知识链接

唐律中规定的刑罚共有笞、杖、徒、流、死五个级别,称为"五刑"。笞刑自 10~50 下、杖刑自 60~100 下,各分五等,均为以杖责打身体。徒刑指被官府关押服苦役,分一年、一年半、两年、两年半、三年五等。流刑为流放外地,分 2,000、2,500、3,000 里三等,皆服役一年,役满在当地落户。死刑分绞、斩二等。

从租庸调制到两税法 隋和唐朝前期,土地占有比较分散。国家在严格户籍管理的基础上,实行以丁为单位的赋役制度,即租庸调制。唐初规定:成年男子每年要向朝廷缴纳一定数量的谷物,叫作"租";再缴纳一定数量的绢或布,叫作"调";每年应服徭役 20 日,不去的人可以纳绢或布代役,叫作"庸"。这项制度所规定的赋役负担不算很重,保证农民有充分的生产时间,促进了经济的恢复和发展。

知识链接

隋朝和唐初实行租庸调制的基础是均田制,它是从北魏沿袭下来的。唐初规定:18~60 岁的男子均由政府授给永业田 20 亩、口分田 80 亩,60 岁以上男子、残疾人、寡妇等授田大致减半。永业田可以传给子孙,口分田则在本人死后归还政府另行颁授,但首先照顾死者家中有授田资格的人。总体上说,均田制所规定授田数量只是"应受田",即在土地占有现实情况的基础上,以个体农民耕作能力为依据制定的占田限额,旨在充分发挥土地和人力效率。均田制的实施适应了当时社会上存在大量自耕农的情况,起到了稳定产权和确保赋役来源的作用,为国家的强盛创造了条件。

唐朝后期,土地兼并严重,大批农民破产流亡,户籍混乱,租庸调制已经无法维持。各级官府巧立名目征税,百姓负担沉重。从780年起,唐朝统一推行新的赋税制度"两税法"。规定:流亡的农民一律就地登记户口,与本地人共同承担赋税。地方官府负责将当地各项税收合并为一个总额,分摊到每户百姓头上。分摊的标准有两项,一是综合人丁、资产因素定出的户等,二是占有土地的数量。因每年分夏、秋两次征收,故名两税。

两税法简化了税收名目,又扩大了征税面,使百姓负担更为合理,也改善了唐朝的财政状况。它的主要征税标准是财产,对于此前以人丁为主的赋税制度是很大的改变,表明国家对百姓的人身控制有所放松。

思考题:

1. 怎样评价隋唐的三省分权制度?
2. 租庸调制为两税法取代的原因何在?
3. 谈谈科举制。

第十五章
从安史之乱到五代十国

> 8世纪中叶,唐朝的鼎盛局面因一次军阀叛乱而一去不返。这次叛乱是怎样爆发的?叛乱之后唐朝的形势怎样?10世纪前、中期五代十国的分裂是怎样形成的?

安史之乱 唐玄宗在位后期,骄傲自满,消极怠政,沉溺于享乐。唐朝开始出现盛极而衰的趋向。

当时最大的隐患来自军事上的"外重内轻"局面。随着版图的开拓,边疆战线拉长,边防驻军大量增加,总计近50万人。而中央只有八九万严重缺乏训练的禁军,一般内地驻军也很少,库中的兵器大都腐朽,不能使用。边防驻军分属10个大军区,其长官称为节度使,除军事外还兼管行政、财政,权力很大。唐玄宗宠信的将领安禄山,一人兼任今天河北、山西、辽宁三个地区的节度使,统辖军队近20万人,形成庞大的地方势力。

755年,安禄山在范阳(今河北、北京)起兵叛乱,只过了半年多就攻入长安。唐玄宗仓皇逃往成都,唐肃宗即位,任用大将郭子仪、李光弼率兵平叛,又向回纥借兵,不久后收复了长安。

知识链接

唐朝后期与回纥的关系比较友好。回纥历代可汗都受唐朝册封,唐朝也几次将公主嫁给回纥可汗。后来回纥改名为回鹘。9世纪中叶,回鹘汗国瓦解,大批部众西迁。其中迁到西域的一部分,以后形成了维吾尔族;迁到河西走廊的一部分,以后形成了裕固族。

安禄山死后,其部将史思明继续与唐朝对抗。直到763年,唐朝才最后平定了这场"安史之乱",但国势已经衰落,河西走廊和西域被吐蕃夺去。

知识链接

吐蕃是唐朝后期边疆上最强大的对手,曾经一度攻占长安。821年,唐朝与吐蕃订立和平盟约,并刻石立碑以为纪念,现在还保存在拉萨大昭寺前。当时正值唐穆宗长庆年间,史称"长庆会盟"。后来吐蕃发生内乱,逐渐瓦解。

藩镇割据 唐朝平定安史之乱期间,投降的安史部将多被委以节度使之职,平叛有功的官军将领也有不少升任节度使。节度使猛增到40多个,对他们的辖区,史书上称为藩镇。

河北地区的几个节度使都是安史降将,这一带又是昔日安禄山的基本根据地,割据程度最强。他们各拥强兵,由儿子或部将继位,擅自任命官吏,截留地方赋税,朝廷基本不能控制。其他地区的藩镇,独立性没有这么严重,但也经常被骄兵悍将所把持,不时地发生动乱。

藩镇割据给人民带来了深重的灾难。但藩镇数多力分,互相牵制,没有形成过于强大的地方势力,唐朝的统治因而又延续了一个半世纪。

唐朝中央的权力斗争 安史之乱以后,唐朝中央的权力斗争十分激烈,加速了唐朝的衰落。

宦官的权力恶性膨胀。唐朝后期，组建了一支新的禁军，称为神策军，发展到十几万人。皇帝不信任武将，将这支部队交给宦官统领。在政务方面增设了由宦官担任的枢密使，负责传达文件，参与机要。在地方上，普遍任用宦官担任"监军"的职务。宦官内外相结，形成了左右政局的庞大势力。在唐朝最后的九个皇帝中，有八个为宦官所拥立，有两个被宦官杀死。甚至皇帝与宰相等朝廷高官联合起来对付宦官，都不是后者的对手。

知识链接

835年唐文宗在位时，与宰相李训等人密谋铲除宦官。这一年11月21日上朝时，先派人奏称"左金吾"衙署的石榴树上夜降甘露，文宗命宦官头目仇士良率众宦官前往观看，李训事先伏兵于院内，计划将其尽数捕杀。不料仇士良等察觉情况有异，抢先挟持文宗退入后宫，然后派出神策军大举反扑，李训等许多大臣全家被杀，长安城一片恐慌。此事史称"甘露之变"。

朝中的官僚党争也非常严重。以牛僧孺、李德裕为首的两派官僚，前后斗争了近40年，史称"牛李党争"。一派得势，就将另一派贬黜出朝；处于相持状态时，也是争吵不休，无法合作。皇帝哀叹说："去河北贼（指河北地区的藩镇）易，去朝廷朋党难！"

唐朝的灭亡 唐朝末年，政治腐败，剥削苛酷，民不聊生，终于爆发了席卷全国的农民战争。

874年，王仙芝和黄巢先后在山东、河南交界地区发动农民起义。王仙芝自称"天补平均大将军"。他战死后，黄巢领导起义军流动作战，渡江进入南方，转战到浙江、福建、广东。879年，黄巢从广州长驱北上，次年攻占长安。唐朝皇帝逃往成都，黄巢在长安称帝，国号大齐。但在唐朝军队的围攻下，不久又从长安撤出。884年，黄巢兵败自杀。

农民起义失败后,在战乱中成长起来的一批新军阀控制了政局,唐朝皇帝成为他们手中的傀儡。907年,节度使朱全忠①篡位,国号梁,唐朝灭亡。

五代十国 唐朝灭亡后,中国进入半个多世纪的分裂割据时期。中原地区先后建立了梁、唐、晋、汉、周五个短命王朝,史书分别称为后梁、后唐、后晋、后汉、后周,合称五代。南方各地则先后出现了吴、前蜀等九个割据政权,连同五代末期在山西建立的北汉,合称十国。

五代十国是唐末藩镇割据局面的发展,政局动荡,百姓处境悲惨。不过,另一方面,五代统治者依靠军队夺取或维持政权,十分重视中央军队的建设,唐朝中期以来的外重内轻现象逐渐扭转。

在南方,各割据政权的统治要比五代稳定一些,不少君主能够保境安民,休养生息,经济在恢复之中略有发展。

五代十国后期,统一的趋势重新显现。10世纪中叶,后周世宗柴荣在位,整顿吏治,发展生产,加强军备,在与其他割据政权作战中获得了比较明显的优势,为随后北宋的统一奠定了基础。

➤ **思考题:**

1. 为什么说安史之乱是唐朝由盛而衰的转折点?
2. 谈谈黄巢起义。

---

① 朱全忠,原名朱温,是黄巢的部将。降唐后,被赐名全忠。篡位称帝时,又改名朱晃。

第十六章
隋唐的经济与对外交往

> 隋唐时期,经济发展取得了很大成就,对外交往也进入一个空前活跃的阶段。这两方面究竟有哪些重要的表现呢?

农业 农业发展是隋唐经济繁荣的基础。新修建了许多水利工程,土地大量开垦。唐朝人形容说,"四海之内,高山绝壑",到处都有人在耕种。在耕地利用上也取得了新的突破,北方用麦、粟复种,两年三熟。南方则出现一年两熟的稻麦复种制。农具有重要的改进,开始使用一种新的耕犁曲辕犁,操作轻巧灵便,宜于深耕和精耕。还出现了形似车轮的灌溉工具筒车,架设于溪流河谷,利用水流冲击轮子转动,以筒提水上升,功省效高。

知识链接

史书记载唐玄宗在位末期的 755 年,全国户数约 900 万,人口近 5,300 万。但按照大多数学者的看法,由于当时户口脱漏严重,实际户口数不止于此。唐朝后期史学家杜佑就认为,唐玄宗末年的实际户数至少应当有 1,300 万到 1,400 万。这样按照每户五口的比例计算,当时的人口总数应该接近 7,000 万。

南方农业的进步尤为显著。水田耕作技术有很大提高,丘陵山区得到更多的开发,出现了一批新的人口聚落。经济作物的种植比较广泛,特别是茶树种植迅速发展。唐朝后期,开始专门征收茶税。当时北方受到战乱破坏,朝廷财政严重依赖南方,有人甚至说:"当今赋出于天下,江南居十九。"

工商业 手工业发展最突出的部门是丝织业和陶瓷业。丝织品花色复杂,名目繁多。考古工作者在唐代墓葬中发现的许多丝织物,工艺精湛,可以与现代产品相媲美。施釉陶器"唐三彩"开创了一种新的陶器类型,釉面光亮美丽,釉彩斑斓夺目,样式和造型丰富生动。制瓷业在唐代已经大量生产日用器物,有青瓷、白瓷两大类型,分别以越州、邢州①所产的最负盛名。

知识链接

瓷器在商朝就已出现,但它的制造到唐朝才完全成熟。它与陶器在制造方法上有重要区别,一是降低了胎质中黏土的含铁量,二是施釉一次烧成,三是烧制温度更高。其成品坚硬不吸水,敲击响声清脆,比陶器更加美观、耐用。瓷器的基本颜色是青色,白瓷是通过对瓷土进行洗练并减少釉料中铁的比例而烧成的。宋朝以后,又出现了各种其他色彩的瓷器。

商业也十分繁荣。隋和唐前期,长安和洛阳是全国最大的商业都会。唐代长安盛时人口近百万,其商业区"市"分为东、西两处,仅东市的店铺就分为220行。唐代后期,城市中的商业区开始突破固定区域限制,城外的定期集市贸易也发展起来。当时南方的扬州作为运河枢纽,最为繁华,其次为西南的益州(今成都),号称"扬一益二"。

---

① 越州、邢州分别为今天的浙江绍兴和河北邢台。

对外交往 隋唐时期的对外交通十分发达。在陆路方面,从长安出发,向东可到达今天的朝鲜,向西经"丝绸之路"可以通往今天的印度、伊朗、阿拉伯以至欧洲和非洲的许多国家。在海路方面,从登州①、扬州出发,可到达今天的韩国、日本;从广州出发,可到达东南亚、南亚、西亚沿海地区。在隋唐墓葬中大量出现骆驼俑和胡人俑,间接反映了当时对外贸易活跃的现实。唐玄宗时,在广州设立市舶司主管外贸事务,统一登记外商货物,征税并收购官用物品。这是中国古代第一次设置海外贸易的管理机构。长安、洛阳聚集了许多国家和地区的使节、商人、侨民,成为当时的国际大都会。在以开放、自信的心态与外部文化接触的过程中,隋唐文化自身也得到了充实和发展。

隋及唐初,朝鲜半岛上存在高句丽、百济、新罗三国,后来新罗基本统一了半岛。新罗与唐朝关系密切。唐朝的外国留学生以新罗人数最多,长安等许多城市都建有专供新罗侨民居住的"新罗坊"。新罗制度多学习唐朝,并且设立儒学,开科取士,在当时"号为君子之国,颇知书记,有类中华"。在姓氏、服饰、节令、风俗等方面,新罗都受到中国文化很明显的影响。

日本曾多次向隋唐派出使节,称为"遣隋使"或"遣唐使"。"遣唐使"有的一次多达数百人,包括大量留学生、求法僧人、工匠、翻译等。646年日本发生"大化革新",经济、政治、教育改革多仿唐制。当时日本营建的都城,也基本仿照长安的样式。日本留学生阿倍仲麻吕在唐朝中进士,更名晁衡,擅长诗文,与诗人李白、王维有密切交往。唐玄宗时,扬州僧人鉴真赴日本传授佛学,因风涛险阻等原因,共出发6次才最终成行,后来在日本去世。唐朝后期,日本僧人圆仁在扬州、五台等地学佛近十年后归国,撰有《入唐求法巡礼行记》。

唐朝与中亚、南亚、东南亚地区的联系十分密切。有不少中国僧

---

① 登州在今山东蓬莱。

人经由陆路或海路去印度半岛取经。唐太宗时高僧玄奘的取经行程历时16年,回国后不仅译出大批佛经,还撰写了《大唐西域记》,记述了取经沿途中亚、南亚100多个国家的政治经济状况。高宗时,义净先后到达今天的印度和印度尼西亚研究佛学,也就当地情况留下了重要记载。

7世纪前期,阿拉伯帝国在西亚崛起,不久就与唐朝建立了联系,中国史书称之为大食。751年,唐与大食在中亚的怛罗斯①会战,唐军战败,许多军士被俘,其中,有一些造纸工匠,造纸术由此开始向西方传播。唐朝后期,不少通过海路来华的西亚商人在广州、扬州、泉州等港口城市定居下来,他们居住的场所被称为"蕃坊"。这些商人十分富有,大都占田建宅,与汉人通婚,有的改从汉姓,学习汉语文,甚至参加科举考试。

知识链接

一些外来宗教在唐朝得到传播。其中,主要是合称"三夷教"的祆(xiān)教、摩尼教和景教。祆教又名拜火教,摩尼教又称明教,都出自西亚的波斯。景教指基督教中的聂斯脱里教派,由东罗马辗转传来。另外,伊斯兰教也通过一些大食商人传入了中国。

思考题:

1.有人说唐朝是一个对外开放的时代,你认为这个说法贴切吗?应当如何评价这一时期的中外关系?

---

① 在今哈萨克斯坦江布尔城附近。

第十七章
隋唐五代的文化

> 在相对开明的政治环境和开放的文化氛围里,隋唐五代的文化事业取得了怎样的成果?在哪些方面成就最为突出?

佛教、道教的活跃 隋唐是中国古代佛教发展的鼎盛时期。中国成为世界佛教中心之一,在继续从印度"取经"的同时,又成为日本等国的"求法"目标。佛教理论与中国的现实相结合,逐渐本土化,形成若干宗派。其中,对后世影响最大的是禅宗。它认为人人皆有佛性,顿悟即可成佛,将复杂的佛教理论简单化、世俗化,传播和修行比较简便,因而广受欢迎。

知识链接

禅宗最早出现于南北朝,主要宗旨是通过坐禅参研佛性。唐朝前期,禅宗分为南、北二宗,在参禅方式上北宗主"渐修",南宗主"顿悟"。后来南宗压倒北宗,成为禅宗的主流。

道教在唐朝很受重视。唐初,皇室尊老子为始祖。唐玄宗亲自为《老子》作注,下令全国各地立老子庙,还在科举中开设了道教的专科。但道

教在基层传播的程度仍然比佛教逊色。

史学 唐朝的官方修史制度已经比较完善,设立了史馆,负责编修前代及本朝历史,由宰相监修。唐朝前期刘知几撰写的《史通》,是中国古代第一部系统的史学评论著作,讨论了史书的体裁以及编纂方法、技巧,表彰秉笔直书,提出史学家必须具备"才、学、识"三种基本素质。

文学 唐代文学的主要成就表现在诗歌领域,这是中国古典诗歌的黄金时代。现存的唐诗包括2,200多位诗人的近5万首作品,其间群星璀璨,脍炙人口的名篇多不胜数。

唐诗可以分为初、盛、中、晚四个时期。初唐是从唐朝建立到玄宗即位的近100年。盛唐是以玄宗在位为主、略微后延的50年。此后到唐朝灭亡的140余年,可以从中间划分为中唐、晚唐各约70年。初唐时期,唐诗的内容逐渐开拓,格律趋于成熟。盛唐是唐诗和中国古典诗歌的巅峰,流派争妍,名家辈出。其中,李白、杜甫代表了盛唐诗歌的最高水平,分别被誉为"诗仙"和"诗圣"。此外,像孟浩然、王维的山水田园诗,高适、岑参的边塞诗,都是中国古代同类题材的经典作品。盛唐诗歌所表现出的博大、壮美、沉郁、雄浑,也是这个时代风貌的体现。中唐时期,唐朝的"盛世"已经结束,一些诗人倡导反映生活的现实之作,白居易是其中最重要的代表。晚唐国势更加衰颓,诗歌的风格往往婉转忧伤,杜牧、李商隐的成就较为突出。

唐后期到五代,带有配乐并且句式长短不等的新诗体——词开始流行,十国中的南唐末代君主李煜是这一阶段最杰出的词人。

魏晋南北朝时期,文章写作流行骈体文,要求文句对仗,韵律协和。唐朝后期,韩愈、柳宗元发起古文运动,反对这种形式主义文风,提倡学习先秦两汉的古代散文,做到文字顺畅简练、言之有物。他们的散文创作对后代具有重大影响。

唐朝文言小说创作的成就也很可观,当时称为"传奇"。唐传奇都是文人创作的虚构故事,包括爱情、侠义、鬼怪等题材,不少作品语言优美,成功地塑造了不同性格的人物形象。

艺术 隋唐书法融汇了南朝的秀美和北朝的雄健,创造出新的风格。盛唐书法家颜真卿在书写楷书时吸收篆、隶笔法,形成了气势雄浑、形体敦厚、笔势遒劲的"颜体"。唐朝后期,柳公权的书法端庄谨严、开阔疏朗,与颜真卿齐名。

隋唐的绘画题材广泛,风格多姿多彩。宗教画生活气息浓厚,人物画注重用线条表现人物的神态,山水、花鸟也开始成为绘画主题。人物画以阎立本、吴道子成就最突出,吴道子被尊为"画圣"。融聚了绘画、雕塑两种形式的石窟艺术十分发达,其代表为闻名世界的敦煌莫高窟。

知识链接

莫高窟又称千佛洞,位于甘肃敦煌鸣沙山崖壁上,有洞窟1,000多个,保存着3,000多座彩色塑像和约4.5万平方米的壁画。洞窟大部分是隋唐时期开凿的,其中,雕塑的佛像比魏晋南北朝时更具世俗色彩,具有慈祥、温和的特征。石窟壁画以演示佛经故事为主,画面巨大而内容丰富,构图紧密。

科技 隋唐的科技成就十分显著。隋朝工匠李春所造赵州①安济桥,是现存世界上最早的单孔石拱桥,反映了当时建筑学的高超水平。隋唐之际的孙思邈精研医学和药物学,著有《千金方》《千金翼方》,被后世尊为"药王"。唐高宗时颁行《新修本草》,是世界上第一部官修的药典。唐玄宗时,僧人一行主持修订历法,首次实测地球子午线长度,还发现了恒星位置变动的现象。

印刷术和火药在唐代都已出现。当时采用的是雕版印刷,所印以佛

---

① 在今河北赵县。

教宣传品和日历为多。五代后唐至后周期间，朝廷组织人力将儒家经书雕版印刷，推动了这些经书在社会上的普及。唐代的一些道教炼丹著作较早记载了火药配方及其猛烈燃烧的效果。到唐末，火药已经在作战中使用。

▶ 思考题：

1. 怎样看待唐朝盛世与唐代文化的关系？
2. 谈谈莫高窟。

第十八章
北宋的建立与变法

> 赵匡胤建立北宋,取代了五代最后一个王朝后周。北宋为什么没有成为五代以后第六个短命朝代?维持王朝稳定的努力带来了哪些消极影响?统治者又是怎样应对的?

宋初专制集权的加强　960年,后周禁军统领赵匡胤发动兵变夺取帝位,建立宋朝,定都东京(今河南开封),史称北宋。赵匡胤就是宋太祖。宋太祖和他的弟弟宋太宗在位期间,先后灭掉南方的几个割据政权和北方的北汉,结束了五代十国的分裂局面。

宋初统治者汲取唐朝后期以来藩镇割据、政局不稳的历史教训,尽量将地方权力收归中央。派中央文官出任地方长官"知州",节度使逐渐变为虚衔。设诸路转运司综理地方财政,保证各州赋税绝大部分上缴朝廷。将地方精锐部队征入禁军,禁军的半数拱卫京师,另一半镇守地方,定期更换驻地。

同时,注意分散各级机构的权力,使其互相牵制。在中央,由枢密院专掌军政,三司专掌财政,与宰相分权,并增设参知政事为副相。枢密院又与禁军管理机构"三衙"分权,前者有调兵权但并不统兵,后者统兵但无权调兵。在地方,包括转运司在内,相继设立了平行的四个路级机构(合称"四监司"),从不同方面对各州进行监控。州一级则增设通判,与知州共同签署文书,彼此制约。

为抑制武将势力膨胀,宋初统治者还制定了重文轻武的方针。罢免老将的兵权,枢密院长官皆用文官担任。大力抬高文官和士人的地位,提倡文治,扩大科举规模。

知识链接

北宋科举制在唐朝的基础上更加完备。三年举行一次,分三级考试,初级为地方性的解试,二级为礼部主持的省试,三级为皇帝主持的殿试。考试规模扩大,录取人数比唐朝增加了好几倍。取士不问家世,力求做到公平竞争,各种防范作弊的手段非常严格。科举录取者的升迁前景远比其他仕途优越,两宋宰相90%以上都是科举出身。南宋学者朱熹说:"居今之世,虽孔子复生,也不免应举。"科举制的完备程度和重要地位,在以后明清两朝仍然保持,但其基本规模则奠定于北宋。

上述措施有效地预防了地方势力膨胀、权臣擅政、武将跋扈等动乱因素,维护了国家的统一和安定,有利于社会经济的发展。但总的指导思想偏重于针对性的"防弊",矫枉过正,导致权力分散、效率低下,也带来了很大的消极影响。

统治危机的出现 北宋中期,统治危机逐渐严重。一大表现是财政困难,时人称为"积贫"。其主要原因是官员和军队的膨胀。在"分化事权"原则的影响下,政府机构设置重叠,编制庞大。统治者广开入官途径,特别是官僚子弟通过"恩荫"入仕过滥,致使官员人数直线上升。军队主要来源于招募,朝廷将募兵作为消除动乱的手段,不断扩招。宋初禁军人数达20余万,到北宋中期已达80余万,加上地方部队(称为"厢军")则达到120余万。养官和养兵成为朝廷的沉重负担,财政状况日益恶化。

> **知识链接**
>
> 恩荫,指朝廷为官员的子孙提供做官机会。中国古代许多朝代都有类似制度,但均远不及宋朝恩荫之滥。宋朝高、中级官员可以在一生中多次使亲属得到"恩荫",例如遇到皇帝即位、生日、改元、祭天,都可能享受这一待遇。级别愈高,荫亲愈多,受荫人除子孙外,往往及于旁亲甚至门客。宋朝恩荫之滥,是统治者优待官僚士大夫、扩大统治基础的表现,但却造成了严重的"冗官"现象。

危机的另一大表现是军力衰弱不振,时人称之为"积弱"。其主要原因是军政败坏,招兵过滥,训练废弛,导致军队素质下降,战斗力低微。加上指挥系统混乱,兵不识将,将不专兵,重文轻武,以文制武,因此,北宋在与边疆民族政权辽和西夏作战中被动挨打,屡吃败仗。宋人沉痛地总结说:"虽有百万之兵,而不免自贬为至弱之国!"

北宋的政治风气因循保守。宋初的制度被后代皇帝尊为"祖宗家法",只准附益,不准更改。官员大多遇事推诿,不求有功,但求无过。1043—1044年,大臣范仲淹曾发起一次以整顿吏治为主的改革,但因官僚集团群起反对,很快归于失败。

王安石变法 1069年,宋神宗任用王安石为参知政事,主持变法,希望解决"积贫""积弱"问题,达到富国强兵的目的。最重要的有下面三项:

青苗法。官府在每年青黄不接时分两次贷款给农民,收成后加息20%偿还。目的在于帮助农民生产,使其免受高利贷盘剥。

免役法。官府向本应服役的农民收取"免役钱",雇人服役,同时向原来不服役的官僚家庭和城市居民收取"助役钱"。这样农民可以获得更多的生产时间,役的负担也更加公平。

保甲法。官府将农村住户十家编为一保。家有两丁以上者,出一人为保丁,农闲时军训,平时在生产之余维持治安。希望借此逐渐恢复古代

"兵农合一"的征兵制，取代募兵制。

此外，还有鼓励兴修水利和垦荒的农田水利法，丈量土地均平赋税的方田均税法，国家经营商业的均输法、市易法，加强军事训练的将兵法，以及科举、学校方面的改革，等等。

变法推行了十多年，在富国方面取得较大成效，扭转了朝廷财政入不敷出的局面，农业生产也得到一定的推动。但在强兵方面，效果不是很明显。一些变法措施在执行过程中增加了人民的负担，引起争议。大官僚、大地主在变法中利益受到较大损害，反对尤其强烈。宋神宗死后，反变法派司马光当政，变法的各项措施均被废止。此后朝中党争日益激烈，北宋逐渐走向衰亡。

▶ 思考题：

1. 如何理解北宋初年加强专制集权措施的正、负面影响？
2. 如何评价王安石变法？

第十九章
宋与辽、西夏、金的对峙

在宋朝统治期间,在我国版图内还存在着好几个少数民族政权,其中最主要的是辽、西夏和金。它们是由谁建立的?与宋朝的关系怎样?

辽与北宋的对峙 辽是契丹族建立的政权。契丹与鲜卑同源,长期在辽河上游一带过着游牧和渔猎生活,接受中原王朝的册封。916年,契丹首领耶律阿保机称皇帝,建立契丹国,定都上京临潢府(今内蒙古巴林左旗),并且征服了漠北和东北地区。阿保机的儿子耶律德光在位时,通过插手五代政权斗争,占领了燕云十六州①,并且改国号为辽。

知识链接

辽朝兼有畜牧、农耕两种不同的经济形态,反映到国家制度上,就是蕃、汉分治,"以国制治契丹,以汉制待汉人"。契丹之俗崇拜太阳,皇帝御帐朝东,中枢官员分列北、南两侧。北面官负责契丹等游牧民族的事务,南面官负责汉人、渤海人等农耕民族的事务。

---

① 燕云十六州,包括今天的河北、山西两省北部,以及北京市。

北宋统一中原和南方后,希望夺回燕云十六州。宋太宗曾两次发动对辽的北伐,第一次还是他御驾亲征,但都被打得大败。此后辽频频发兵南下,北宋转入防御。1004年,辽发起一次大规模的进攻,打到黄河北岸,宋廷陷入恐慌。宰相寇准坚决主张抵抗,力劝宋真宗亲临澶州(今河南濮阳)前线,鼓舞了宋军士气。辽军前线统帅被宋军射死,双方展开议和。最终达成协议:双方保持原来的边界,并结为兄弟之国。北宋每年送给辽银10万两、绢20万匹,称为"岁币"。澶州亦称澶渊郡,史书因而称这项协议为"澶渊之盟"。此后100多年,双方基本维持了和平局面,边境安定,贸易活跃。

西夏与北宋的和战 西夏是党项族建立的政权。党项原为羌族的一支,唐朝以来活动于宁夏、甘肃、陕西西北一带,在唐末成为一个半独立的藩镇。北宋前期,他们接受宋廷册封和赐姓,仍保持半独立地位。宋仁宗时,党项首领元昊力图脱离宋朝的统治。他放弃宋朝的赐姓①,下令恢复党项族旧俗,并创制了自己的文字。1038年,元昊称帝,定都兴庆府(今宁夏银川),国号大夏,史称西夏。

知识链接

辽、夏、金三个政权都模仿汉字字形创造了自己的文字,其中,传世材料最多的是西夏文。这种文字形体方整,斜笔较多,比汉字结构更复杂,笔画更烦冗。创制后曾在西夏境内大力推行,所有文书都用它书写,所以今天还可以见到不下百万字的西夏文文献,包括佛经、法典、字典辞典以及许多从汉文翻译过去的经史著作。

---

① 元昊的家族本姓拓跋,唐末赐姓李,宋初赐姓赵。元昊改姓"嵬名"。

元昊称帝后,与北宋进入战争状态。北宋兵力虽多,但分兵把口,消极防御,作战十分被动。双方连续发生几次大的战役,都是夏胜宋败。西夏国力有限,也不能承受长期战争的损耗。1044年双方达成和议:元昊向北宋称臣,宋廷册封元昊为"夏国主",并且每年送给西夏银7万两、绢15万匹、茶叶3万斤,称为"岁赐",同时重开边境贸易。

宋夏和议之后,双方的和平并不稳定,仍然发生过一些战事,互有胜负。北宋灭亡后,西夏继续向金朝称臣,接受册封。

金灭辽和北宋 金是东北女真族建立的政权。女真原来臣属于辽,辽朝后期国势衰落,女真完颜部强大起来。1114年,其首领完颜阿骨打举兵反辽,次年建立金朝,定都会宁府(今黑龙江阿城),亦称上京。

在金军进攻下,辽的统治摇摇欲坠。北宋朝廷希望乘乱取利,收复燕云地区,通过海路与金朝建立了联系,达成共同灭辽的盟约。1125年,金军俘获辽朝最后一个皇帝,辽亡。辽的皇族耶律大石率残余部队西行至西域,仍用辽国号重建政权,史称西辽,又存在了80多年。

金朝统治者目睹北宋的腐朽脆弱,在灭辽后继续南进,包围了东京。北宋军民在主战派大臣李纲的领导下,多次打退金兵的进攻,但东京最终还是被攻破了。1127年,金军将北宋最后两个皇帝徽宗、钦宗①掳回东北,北宋灭亡。金朝灭亡北宋的战事主要发生在宋钦宗靖康年间,史书称之为"靖康之难"。

金与南宋的对峙 1127年,宋徽宗的第九个儿子赵构在应天府(今河南商丘)即帝位,是为宋高宗。当时金军虽然占领了北方大片地区,但各地人民的抗金义军十分活跃。宋高宗害怕金军兵威,未能抓住机会收复失地,反而一再向南逃窜,最后将都城定在临安(今浙江杭州)。他重建的宋政权,史称南宋。

南宋初年,以岳飞为代表的一批将领奋起抵抗金朝的进攻,给对手以

---

① 1125年,宋徽宗将皇位传给儿子钦宗,自己退位为太上皇。

沉重打击。岳飞的军队作战勇敢,纪律严明,被称为"岳家军",是当时抗金力量的中坚。1140年,金军以兀术(zhū)为统帅,大举攻宋。岳家军在郾城大破兀术的主力,金军军心浮动,准备撤退。以宋高宗和宰相秦桧为首的投降派,害怕抗金力量壮大对他们的统治不利,主动向金求和,命令岳飞班师。继而解除岳飞的兵权,并以"莫须有①"的罪名把他杀害。

1141年,南宋与金订立和约:两国以东起淮水、西至大散关(今陕西宝鸡西南)划界;南宋皇帝向金称臣;每年向金缴纳一笔"岁贡",包括银25万两、绢25万匹。当时宋高宗的年号为绍兴,史称"绍兴和议"。

绍兴和议确立了南宋与金的对峙局面。1153年,金朝将首都迁到燕京,改名中都,对北方的统治逐渐稳定。后来,宋金之间又进行了几次战争,但南北对峙局面没有发生变化,双方的力量大体处于均衡状态。

思考题:

1. 评价宋朝对几个少数民族政权的外交政策。
2. 谈谈西夏与北宋的和战。

---

① "莫须有"是当时的口语,意思是"大概有"。宋高宗和秦桧诬陷岳飞谋反,当有人质疑时,秦桧回答"其事体莫须有"。

第二十章
元朝的大一统

> 13世纪初,中国存在着南宋、金、西夏、西辽等好几个政权,最终它们都统一在元朝的版图之内。这一过程是怎样完成的?作为第一个由北方少数民族建立的统一王朝,元朝对中国历史的发展有什么影响?

蒙古的崛起 金朝统治时期,漠北草原上分布着许多游牧部落,混战不已。12世纪后期到13世纪初,蒙古部的杰出首领铁木真打败其他部落,逐渐统一了草原。1206年,铁木真建立蒙古汗国。他被奉上成吉思汗的尊号,后来又被元朝追尊为太祖。

蒙古汗国很快转入对周围地区的征伐战争。成吉思汗在位后期,灭掉了西辽和西夏。他的儿子窝阔台灭掉金朝,将统治范围扩展到淮河以北。13世纪中叶,蒙古招降了吐蕃,又兼并了云南的大理国。蒙古军队还发动过几次西征,先征服了中亚地区,后来又打到东欧和西亚。

元世祖统一全国 1260年,成吉思汗的孙子忽必烈即位,将统治重心从草原转移到中原地区,并着手改革蒙古旧制,推行"汉法"(指中原传统政治制度),兴建大都(今北京)作为首都。1271年,取《易经》中"大哉乾元"的含义,改国号为"大元",忽必烈就是元世祖。此后蒙古在中亚、西亚、东欧的统治区脱离元朝独自发展,形成了四大汗国①,但在名义上仍将元朝尊为宗主国。

元军继续进攻南宋,1276年占领其都城临安。南宋大臣文天祥、陆秀夫等率部坚持抗元。文天祥被俘后严词拒绝元军的劝降,写下"人生自古谁无死,留取丹心照汗青"的不朽诗句,后来在大都英勇就义。1279年,元军追击南宋余部到厓(yá)山(今广东新会南),陆秀夫背负南宋最后一个小皇帝投海而死,元朝完成了对全国的统一。

巩固统一的措施 为巩固统一,加强对辽阔疆域的管理,元朝实行了行省制度。当时中央的宰相机构是中书省,委派官员代表中书省处理地方事务,并逐渐固定为地方常设机构,称为行中书省,简称行省。除今天的河北、山西、山东漠南部分地区由中书省直辖外,全国共设岭北、辽阳、甘肃、陕西、河南江北、江浙、江西、湖广、四川、云南10个行省。行省辖区广阔,权力集中,统治效率较高。它的创立是中国古代地方行政制度的重大变革,是中国地方省制的开端。

西藏在元朝正式纳入中央政府的统治,但未设行省,而是由中央专设的宣政院进行管理。元朝皇室信仰藏传佛教,封西藏高僧八思巴为"帝师",内地与藏族地区的政治、经济、文化联系大大加强。元朝还在澎湖设置了巡检司,加强对琉球(今台湾)的管辖。

元朝的交通、邮递系统十分发达。以大都为中心,修筑了四通八达的驿道,沿线设有上千处驿站,为公差人员提供交通和生活服务,也用来运输官府物资。又隔一定距离分设急递铺,由专设的铺兵负责传递文书,速度为一昼夜四五百里。

民族关系与中西交通 为保障蒙古贵族的统治利益,元朝在很多方面对不同民族实行差别对待政策,被后人概括为"四等人制",依次为蒙古、色目、汉人、南人。蒙古人是元朝的"国族",色目人指蒙古以外的西

---

① 四大汗国包括:钦察汗国、察合台汗国、窝阔台汗国、伊利汗国。元朝中期,窝阔台汗国被察合台汗国吞并。

北、西域各族人，包括西夏、回回、畏兀儿①等。汉人主要指北方的汉族，南人则指最后被征服的原南宋统治区居民。四等人的政治、法律地位都完全不平等，体现了民族歧视和民族压迫的特性。

元朝在民族关系方面也取得了一些积极的新成果。今天中华民族大家庭的两个重要成员蒙古族和回族，基本上是在元朝形成的。蒙古本是草原上诸多部落之一，在统一草原后逐渐与其他部落融合，形成了有持久生命力的蒙古民族。中亚、西亚的大批穆斯林随着蒙古的征服移居中国，在伊斯兰教的整合下形成了一个新的文化共同体，时称回回人，成为后世回族的祖先。民族杂居现象十分普遍。原居中原的契丹、女真人已逐渐与汉族合一，新入居的蒙古人以及回回以外的色目人也在元朝灭亡后融入了汉族。迁居边疆地区的汉族则与当地民族相融合。各民族文化相互影响，交相辉映，成为元朝的时代特色。

知识链接

成吉思汗时期，借用回鹘字母创制了蒙古文。元世祖在位时，又命八思巴仿照藏文造出一套字母拼写蒙古语，后人称之为八思巴蒙古文。八思巴创造的这套字母也被用来拼写汉语等其他语言，这是汉语拼音化的最早尝试。

元朝的中西交通重新进入繁荣期。意大利旅行家马可·波罗（Marco Polo）在元世祖时经陆路来到中国，居住17年后由海路返回。他的口述经历被写成《马可·波罗游记》，向中世纪欧洲人展示了新奇的东方世界，对以后的欧洲航海家、探险家产生了很大影响。

---

① 畏兀儿，即今天的维吾尔族。

知识链接

约与马可·波罗同时,在历史上第一次有中国人访问了欧洲。中文史料没有提到这位访问者的名字和事迹,有关情况仅见于西文记载。他的名字叫列班·扫马(Rabban Sauma),是生活在大都的畏兀儿人。因信奉景教(基督教的一支),赴耶路撒冷朝圣,被当地教会委派出使欧洲,会见了法、英两国国王并觐见教皇。在他访问之后,教皇向中国派出了大主教,在大都和福建泉州进行了传教活动。

思考题:

1. 元朝的统一在中国历史上有什么意义?
2. 元朝巩固统一的措施有哪些?

第二十一章
经济发展和经济重心的南移

> 宋元时期,我国经济的发展程度在当时世界上居于领先地位,尤以宋朝最为突出。在这一时期,经济的发展具体有哪些重要表现?经济重心发生了怎样的变化?

农业 宋朝农业的发展成果显著。农具品种更加复杂多样,大量兴修水利工程,唐末出现的圩(wéi)田在南方得到进一步推广。

知识链接

圩田亦称围田,指在水边低地垦田,筑堤围之,堤上设有闸门,旱则开闸引水,涝则闭闸拒水。通过圩田的修建,不仅将许多滋生水草的低洼荒地开垦为耕地,而且由于它兼具排、灌功能,防旱抗涝,这些耕地往往能够成长为稳定的高产田。

在宋朝,一年两熟的稻麦复种制在南方十分普及,有些地方还可以一年三熟,提高了耕地的利用率。茶树、甘蔗、果树等经济作物的种植都取得了进一步发展,在一些地区出现了固定种植某种经济作物的"农村专业户",对传统自然经济结构有一定突破。

> **知识链接**
>
> 户口增长是农业发展的一个重要指标。北宋初期的989年,全国户数只有650万。到北宋末期的1110年,已增长到2,088万。奇怪的是,史料记载这一年的"口数"只有4,673万,每户平均仅为2.24口。许多学者认为,宋代统计的口数仅包括男丁即成年男子,如以汉、唐史料所载户口比例(每户5口左右)推算,北宋末年的实际人口数应当已经超过1亿。这在中国古代人口史上,是一个划时代的标志。

元朝统治者也很重视农业。汉族地区先进的农作技术向边疆传播,使这些地区的农业进步显著。宋朝时从外国传入的棉花,在元朝得到大力推广,南方植棉已经相当普遍。

手工业 宋朝丝织业以江浙和四川为中心,产品花色种类繁多。棉纺织业在南宋开始兴起。元朝前期,流落到海南岛松江(今属上海)的妇女黄道婆,将当地先进的制棉工具和棉纺织技术带回松江,并且进行了若干改进,使生产效率得到显著提高。松江在以后长期作为全国棉纺织业的中心。

宋朝制瓷业有重大发展,著名的定、汝、官、哥、钧五大瓷窑①,产品风格各具特色,色彩多变,质感浑厚,富有鉴赏价值。元朝在彩绘瓷生产方面取得进展,烧出了釉下彩绘的青花瓷和釉里红。宋元时期,瓷器大量出口海外,继丝绸之后成为中华文明新的象征。

矿冶业在北宋手工业中占有重要地位。煤的开采量很大,首都东京的居民全都用煤做燃料。燃料的改进大大提高了金属冶炼的产量和质量。

---

① 定窑,在今河北定县;汝窑,在今河南临汝;官窑,在今河南开封;哥窑,在今浙江龙泉;钧窑,在今河南禹县。

> 🔍 **知识链接**
>
> 据学者推算,在北宋后期的 1078 年,全国铁产量在 7.5 万至 15 万吨之间,这个数字相当于 1640 年英国的 2.5 至 5 倍,并且可以与 18 世纪初整个欧洲的铁产量 14.5 万至 18 万吨相比拟。宋朝煤的广泛使用,以及矿冶业特别是冶铁业的巨大发展,被一些学者誉为"煤铁革命"或"黑色革命"。

宋元时期的造船技术十分发达,所造大型远洋海船"舟如巨室,帆若垂天之云"。除货物外,可以装载船员食用一年的粮食,还可以在船中养猪、酿酒。海船设有隔离舱,在船体局部撞坏时仍可抢修。

印刷术的出现刺激了造纸业的发展。各种细致入微的纸张加工、处理技术,可以造出多种精美的名贵纸和特制纸。印刷业是这一时期新兴的手工业,推动了文化的普及。

商业和城市　宋朝是中国古代商品经济发展的一个高峰。全国市场形成城市、镇市、草市三级结构,北宋后期全国的镇市有 1,900 多个,作为乡村定期集市的草市更加普遍。商品流通规模的扩大导致货币需求量大增,北宋钱币年铸造量最多时高出唐朝 10 多倍,还出现了世界上最早的纸币"交子"。元朝在全国范围内将纸币作为主币发行,加上大一统带来的稳定局面和交通系统的发展,都对商业形成促进作用。

海外贸易非常活跃。宋元两朝与亚洲、非洲的许多国家和地区都有贸易往来,外贸税收成为国库的重要财源。丝织品、瓷器、茶叶等远销海外,输入商品则以香料、珠宝等为主。主要外贸港口有广州、泉州、明州(今浙江宁波)等。

城市的发展十分显著,其中的商业活动在营业时间、地点上都不受限制。北宋都城东京是当时世界上最大的商业都会,人口稠密,商业繁荣,文化娱乐丰富多彩。南宋都城临安则被形容为"民物康阜,视京师(按指开封)其过十倍"。直到元朝,马可·波罗还说它是"世界最富丽名贵之城"。马可·波罗也描述了元朝的首都大都,称"外国巨价异物及百物之输入此城者,世界诸城无能与比……有如川流之不息"。

经济重心南移　从唐朝中期开始的经济重心南移趋势在北宋继续发展。政治重心虽在北方,经济上却明显依赖南方,南粮北运的数字超过唐朝后期。全国户口分布南多北寡的格局,在北宋也已定型。"靖康之难"使北方再遭战火,大批人口南渡,完全奠定了南方经济重心的地位。长江下游和太湖流域一带,成为全国最重要的粮仓,谚语称:"苏、湖熟,天下足。"①

元朝的南、北经济差距继续扩大。全国五分之四的人口集中在江浙、江西、湖广三行省,江浙一省的税粮即超出全国三分之一。为将南方财赋顺利北运,元朝重新开通了大运河,改变隋唐时迂回曲折的航线,航程大为缩短,运粮船可以直接驶入大都积水潭停泊。元朝还创造性地开辟了长途海运航线,主要任务也是运输江南的粮食。

南方经济发展带动了文化的进步。北宋时,南方人在全国统一的科举考试中优势明显,朝廷被迫采取南、北分卷制度,各自划定名额分别录取。自南宋起,江浙一带尤其成为人才集中的地区。

➡ **思考题:**

1. 宋元时期的经济发展有哪些具体表现?
2. 中国经济重心的南移是怎样完成的?主要表现是什么?

---

① 苏、指江苏苏州;湖,指浙江湖州。

第二十二章
宋元时期的文化

> 宋元时期,随着经济的发展,文化领域也呈现出丰富多彩的新成果。这些新成果主要表现在哪些方面?有怎样的历史地位?

理学和心学 儒家思想在宋代有重要发展。在佛教的刺激下,开始较多地关注宇宙观、认识论等哲学命题,并将它们与现实社会的伦理道德秩序结合起来,逐渐形成了以"理"为核心的新儒学体系,称为理学。其代表人物是北宋的程颢(hào)、程颐兄弟和南宋的朱熹,因此也被称为"程朱理学"。

朱熹是理学发展的集大成者。他阐述说:"理"或称"天理",是宇宙的本源,在具体事物上表现为这件事物的构成原理,在社会上表现为儒家伦理道德,在人身上表现为理想的人性。人性本应与天理一致,但往往被后天的欲望蒙蔽,所以要"存天理,灭人欲"。"存天理"的途径是"格物致知",即通过接触世间万事万物,体会其各自的原理,逐渐加深并完成对普遍天理的认识。

与朱熹同时代的陆九渊则认为,"理"不需要到外物上寻找,它就存在于人的内心。心即是理,也就是宇宙的本源。只要认真反省内心,就可以体会到天理。他的学说被称为"心学"。

"程朱理学"在与心学和其他学派的斗争中占了优势,南宋后期起开始成为官方哲学。

> **知识链接**
>
> 儒家的基本经书原为《五经》,即《诗》《书》《易》《礼》《春秋》。朱熹从《礼》的解说资料《礼记》中抽出《大学》《中庸》两篇,加上《论语》《孟子》二书,合编为《四书》,作为先于《五经》的儒学基础读物。他又为《四书》作注,完成了《四书章句集注》。元朝以后,《四书章句集注》成为科举考试的主要教科书,影响极大。

史学 宋代史学发达,出现了不少名家和巨著。北宋司马光主编的《资治通鉴》,是我国第一部规模宏大的编年体通史,记述了从战国到五代1,300多年的历史,体例严谨,考订精确,叙事生动。其中,记载的重点是历代政治兴衰得失,目的在于使君主借鉴经验教训。

文学 唐代文坛出现的词到宋代进入鼎盛时期,保存到现在的宋词有2万多首。词的句式长短不等,用来配乐歌唱,又称"长短句"。根据乐谱分为不同的词牌,每个词牌都有固定的写作格式。宋代城市生活丰富多彩,娱乐场所需要大量的歌词。士大夫的著名词作在社会上广泛流传,不少作者直接为歌女写词。宋词作家以豪放派的苏轼、辛弃疾和婉约派的柳永、李清照成就最大。

元代文学的主要成就是曲,其中包括散曲和杂剧。散曲是一种新的长短句诗歌体裁,与词一样用来歌唱,也有固定的曲牌。但每句的字数可以在固定格式的基础上做一些伸缩,并且大量采用通俗的口语,形式活泼,更加适合市井演唱的需要。将成套的散曲连缀在一起进行歌唱,辅以音乐、舞蹈、表演、道白,安排不同的角色,来表达一个完整的故事情节,就形成了杂剧。元杂剧标志着我国古代戏曲艺术的成熟,代表作有关汉卿的《窦娥冤》、王实甫的《西厢记》等。

知识链接

中国古代很早就出现了有情节的舞蹈和有念白的滑稽表演,后者相当于今天的小品。宋代城市中有傀儡戏、皮影戏等娱乐活动,由人操纵表演。北宋和金朝还流行一种说唱艺术,称为"诸宫调",由演出者演唱一个长篇故事,类似于今天的大鼓或弹词。作为综合舞台艺术的元杂剧,就是在上述表演形式的基础上形成的。

在宋元时期,在城市中说书演出非常盛行。说书人讲故事的底本被称为"话本",用通俗的白话写成,内容包括历史故事、佛经故事,以及取材于现实生活的爱情、公案故事。话本实际上就是早期的白话小说。

艺术 宋代书法以苏轼、黄庭坚、米芾、蔡襄四大家最为著名,其作品各具风格,追求个性,不拘法度。绘画的成就以山水画和市井风俗画最为突出。山水画不完全追求写实,而更注重意境和笔墨情趣。市井风俗画着力展现下层人民的生活,以北宋张择端的《清明上河图》最为著名。元代赵孟頫(fǔ)是兼工书法、绘画的大艺术家。

科技 在这一时期,印刷术、指南针和火药三大发明基本成熟,为人类文明的进步作出了重要贡献。

雕版印刷在宋朝已经相当普及,有力地推动了文化事业的发展。北宋工匠毕昇发明了活字印刷术,既节省印刷费用,还大大提高了印刷效率。毕昇的活字是用泥制成的,后来又出现了木活字和金属活字。

中国人很早就利用磁石指示南北的特性来辨别方向。北宋时,开始使用人工磁化的方法制造磁体,产生的磁性较为稳定持久,这样就造出了指南针,并且广泛应用于航海。

火药在北宋已经大量制造并用于军事,由燃烧型火器逐步发展为爆炸型火器。南宋时发明了管形火器"突火枪",元朝又造出器型较大的火铳,成为后世枪炮的始祖。

两位大科学家,北宋的沈括和元朝的郭守敬,是代表这一时期科技发展水平的典型人物。沈括在数学、物理学、天文学、地质学、生物医学等方面都有重要贡献。他的著作《梦溪笔谈》记载和总结了当时的许多科技成果,在我国和世界科技史上占据重要地位。郭守敬的成就表现在天文学、数学、机械制造、水利工程等领域。他创制出近20种天文观测仪器,主持了全国范围的天文测量,编定了新的历法《授时历》。其中测算一年的周期为365.2425日,与今天世界通用的公历基本相同,但比后者早了300余年。

思考题:

1. 宋代理学是如何产生的?理学和心学的主要区别是什么?
2. 宋元时期我国的文学和科学技术有哪些主要成就?

第二十三章
明朝的统治

> 明朝建立后,政治制度出现重大变化,宰相的职务被废除了。这一举措给明朝政治带来了怎样的影响?明朝还有哪些强化专制的措施?

明朝建立与君主专制的强化 元朝后期,政治腐败,民不聊生。1351年,爆发了刘福通领导的农民起义,起义军头包红巾,称为红巾军。在混战中,佃农出身的红巾军将领朱元璋势力逐渐强大,统一了南方。1368年,朱元璋称帝,定都应天府(今江苏南京),国号"大明",朱元璋就是明太祖。同年明军北伐,攻占大都,推翻了元朝。

明太祖大力加强君主专制,对中央和地方官制进行了很大调整。

中央废除了自秦以来一直实行的宰相制度,六部直接对皇帝负责。皇帝集国家元首、政府首脑于一身。

知识链接

明太祖废除宰相之后,工作压力猛增,每日早起晚睡,疲惫不堪。据记载,在1384年阴历九月十四日至二十一日的八天之内,各机构上呈的奏章多达1,660件,共3,391事。这样他平均每天就要审阅200多份奏章,处理400多件事。

明太祖还将当时的最高军事机构大都督府分为中、左、右、前、后五军都督府。五军都督府分担日常统兵权,但没有调兵权;兵部有调兵权,而无统兵权。遇到战事,兵部奉旨调兵,由皇帝临时任命将领统率出征。

在地方,改元朝的行中书省为承宣布政使司①,负责民政和财政。另设都指挥使司负责军政,提刑按察使司负责监察和司法。它们合称"三司",各自对中央负责,互不统属。

明太祖性格多疑,设立了特务机构锦衣卫,负责监视和侦察官民的言行,有权逮捕、施刑。锦衣卫由皇帝控制,不受政府司法部门管辖。

科举制在明朝也取得了重要发展。专门从《四书》《五经》中命题,回答时必须按照程朱理学的思想,模仿古代"圣贤"口吻写作,不许发挥个人见解。答卷的文体也有严格限制,其主要部分为四段对偶排比文字,俗称"八股文"。这种考试制度严重地束缚了士人的思想。

内阁与宦官　　明太祖死后,其孙建文帝继位。不久建文帝的叔叔燕王朱棣起兵夺取了政权,将首都迁到北京。朱棣就是明成祖。

由于皇帝无法独自处理庞杂的政务,不得不找人协助。明成祖选拔了一些文官到皇宫内的文渊阁值班,充当秘书。从此形成一个常设的秘书咨询机构,称为"内阁",内阁的官员称为某殿或某阁大学士。内阁的秘书工作后来形成比较固定的模式。皇帝将百官的奏章送到内阁,由阁臣替皇帝草拟处理意见,用墨笔书于小票(小纸片),贴到原来的奏章上,一并回呈皇帝,这个过程被称为"票拟"。皇帝参考"票拟"的内容,用红笔正式批复,称为"批红"。皇帝也可能就一些国家大事随时向阁臣进行咨询。明朝中期,内阁地位上升,阁臣有时被人比喻为宰相。其中,排名首位的大学士俗称"首辅",尤其受到重视。

明成祖重用宦官,内廷宦官机构的设置逐渐增多,合称"二十四衙

---

① 布政使司在习惯上仍有"省"的俗称。

门"。各机构的主管宦官称太监,以后太监遂成为宦官的代称。

明朝中期,宦官专权的局面逐渐形成。"二十四衙门"之首司礼监获得了协助皇帝"批红"的权力。内阁大学士有时长期见不到皇帝,与皇帝之间的信息交流、文书往来都要通过司礼监转达。明成祖时,增设特务机构东厂,后来也由司礼监提督。锦衣卫被拨归东厂节制,合称"厂卫",宦官控制了整个特务系统。宦官还被派遣坐镇地方、监督军队、管理税收,实际上成为皇帝监视官僚机构的工具。

明朝的衰亡　明朝中后期,政治日益腐败。皇帝往往沉溺于享乐,不理政事,奸臣和宦官趁机窃取了权力。

明世宗热衷于修炼道教方术,内阁首辅严嵩长期控制朝政,贪污受贿,聚敛了巨额财产。不少官员奋起揭发严嵩的罪行,但严嵩深得世宗信任,反对他的人大多遭到报复,或杀或贬。

宦官的势力更为嚣张。明英宗时的王振、明武宗时的刘瑾,都权倾一时。王振被朝中贵戚尊称为"翁父",刘瑾有"刘皇帝""立皇帝"之称。17世纪前期明熹宗在位时,宦官魏忠贤主宰朝政,党羽遍布内外。以东林党为核心的正直官僚与他展开斗争,受到残酷迫害,主要人物都被关入锦衣卫监狱,折磨致死。在一片恐怖气氛中,全国掀起对魏忠贤的阿谀谄媚之风,到处为他建立生祠,尊称其为"九千岁"。

知识链接

"东林党"因其早期领袖顾宪成曾在江苏无锡的东林书院聚友讲学而得名。它以一批正派的江南士大夫为核心,也包容了政见相近、崇尚气节的其他籍贯的官僚,逐渐发展为一个有影响力的政治派别。他们批评时政,为民请命,深受百姓的同情和拥护。在东林书院大门两侧的楹联上写着顾宪成的名言:"风声、雨声、读书声,声声入耳;家事、国事、天下事,事事关心。"

1627年,明朝最后一个皇帝思宗①即位。当时天灾不断,朝廷横征暴敛,大批农民流离失所。饥民王二在陕北首先起义,揭开了明末农民大起义的序幕。经过数年作战,农民军形成了李自成、张献忠两大主力。李自成被部下推为"闯王",以"均田免粮"口号号召百姓,势力迅速膨胀。1644年,他在西安建立"大顺"政权,张献忠则占领四川,建立了"大西"政权。这一年,李自成大军攻占北京,明思宗自缢,明朝灭亡。

➡ 思考题:

1. 朱元璋为强化君主专制制度采取了哪些措施?
2. 明朝的内阁是怎样产生的?为什么在明朝中后期会出现宦官专权的局面?

---

① 他的年号是崇祯,通常称其为崇祯皇帝。

第二十四章
清朝的兴衰(鸦片战争以前)

> 作为中国古代最后一个王朝,清朝是怎样建立起来的? 它的兴衰轨迹如何,其政治制度又有哪些特点?

清朝的建立与初步统一 元、明两朝,东北地区女真族分布广泛,其首领接受朝廷官号,定期进贡。明朝后期,女真建州部强大起来,首领努尔哈赤经过30多年的努力,基本统一了女真各部。他建立了兵民合一的八旗制度,对女真人进行组织和编制,又设置官职,颁行法令,还创制了文字。

知识链接

八旗制度始设于1601年。当时努尔哈赤将部众编为黄、白、红、蓝四旗,各以相应颜色的旗帜作为标志。具体每300丁编为一牛录,五牛录编为一甲喇,五甲喇编为一固山,固山就是旗。后来,又增编了镶黄、镶白、镶红、镶蓝四旗,在相应颜色的旗帜上加镶边,以别于前四旗。同时前四旗分别改称正黄、正白、正红、正蓝,这样就组成了八旗。八旗制度是在女真社会狩猎组织的基础上加以整齐、扩充而成的,兼有行政、军事、生产多方面的管理职能。

1616年，努尔哈赤在赫图阿拉（今辽宁新宾）称汗，国号金，史称后金，不久与明朝决裂，攻占了辽东、辽西大片地区。努尔哈赤的继承人皇太极加强对明朝的攻势，并且收服了蒙古各部，势力更加壮大。1636年，皇太极在盛京（今辽宁沈阳）称帝，改国号为清，并将女真族名改为满洲。努尔哈赤、皇太极分别被称为清太祖和清太宗。

1644年李自成推翻明朝后，驻守山海关的明将吴三桂降清。清摄政王多尔衮①指挥八旗劲旅兼程入关，以吴三桂为前导，打败大顺农民军，进占并迁都于北京。在清军追击下，大顺军节节败退，李自成于1645年在湖北通山九宫山牺牲。稍后张献忠在四川北部的一次战斗中被清军射死，大西政权也瓦解了。

明朝灭亡后，南方的一些官僚继续拥立明朝宗室为帝，史称南明。经过20多年的激烈战斗，清军将南明的几个小朝廷和农民军余部一一打败，初步统一了全国。

"康乾盛世"的君主专制　清朝第四至六代皇帝康熙、雍正、乾隆②在位期间，政治稳定，版图巩固，经济繁荣，出现了长达100多年的鼎盛时期，被称为"康乾盛世"。中国古代的君主专制体制在这一阶段发展到了顶峰。

康熙、雍正、乾隆三位皇帝，都以大权独揽、事必躬亲著称。除特殊情况外，每天都坚持接见臣僚，面议政务，回宫后还要继续批阅奏章，经常工作到深夜。他们精力过人，权力欲旺盛，不仅独断朝廷的大政方针，对于耳目所及的地方具体事务，也总是不厌其烦地详加过问。

---

① 1643年清太宗去世，新即位的清世祖（年号顺治，习称顺治帝）年幼，由其叔父睿亲王多尔衮摄政。
② 均以年号代指皇帝。康熙帝1661—1722年在位，雍正帝1722—1735年在位，乾隆帝1735—1795年在位。

清朝皇帝创设了一些强化君主专制的具体制度。比较重要的有奏折，它是官员向皇帝上呈的机密文书。以前官员向皇帝奏事，通常都是公开的，要先经有关机构阅览、登记。康熙时，让亲信官员撰写直达皇帝的密封奏折，皇帝亲手批阅后返回，中间没有第三个人看到。雍正即位后，扩大奏折的应用范围，将其制度化。这种联系方式既快速又保密，使皇帝能够更直接、更广泛地获取信息，提高了决策效率。大批官员都通过奏折与皇帝形成单线联系，皇帝对官僚机构的控制显著加强。

中枢秘书机构也发生了重要变化。在清朝内阁级别得以提高，编制固定，已经变成照章办事的常规衙署，难以协助皇帝处理机要政务。雍正时，在宫内设立了军机处。军机处是一个人员简练、办事迅速保密的非正式机构，主要官员称为军机大臣[①]，由皇帝指派朝臣兼职充任，日夜轮流值班，负责秉承皇帝旨意起草机要文书。军机大臣在皇帝的直接监督下工作，基本上没有专权的余地。

知识链接

军机处设立后，与内阁在中枢秘书工作上形成分工。有关常规政务、可以公开的文件仍由内阁起草并发布，称为"明发"。事关重大的机密文件则由军机处起草，经皇帝阅准后密封，由兵部派人火速送达有关机构或地方执行，称为"廷寄"。传递"廷寄"文件的最低速度是日行300里，特别紧急的要求日行600里以上。

清朝统治者对思想文化的控制非常严密，多次大兴文字狱。早期的文字狱主要针对汉人的民族意识。如果私人著作中揭露了清室祖先对明朝的臣属关系，或是具有否定清朝正统地位的倾向，都会遭到严厉查禁和

[①] 军机大臣的全称是"军机处大臣上行走"，新上任者则称"军机处大臣上学习行走"。

惩办。后来,发展为对诗文字句吹毛求疵,罗织罪名,达到了荒谬的境地。文字狱使君主专制的淫威笼罩了知识界,对文化造成了严重的摧残。

 **知识链接**

乾隆一朝是中国古代文字狱最频繁的时期,共发生 130 余次,大都是望文生义的"莫须有"之罪。诗文中对"明""清"二字的使用稍有不慎,就会招来横祸。例如"翘首待重明""长明宁易得""一把心肠论浊清"等诗句,都被视为反诗,作者生则处死,死则戮尸。

清朝由盛转衰 "康乾盛世"末期,清朝统治已呈现出由盛转衰的迹象。19 世纪前期嘉庆、道光两位皇帝在位时,衰象更为明显。

统治集团的腐败积重难返,乾隆一朝因贪污被处死的一、二品高官就有 30 多人。乾隆帝晚年的宠臣和珅在嘉庆初年倒台,查抄其家产,发现其富比皇室,民间流传谚语说"和珅跌倒,嘉庆吃饱"。

从乾隆后期起,农民起义频繁发生,其中大部分是由民间秘密宗教白莲教领导的。四川、湖北、陕西三省爆发的白莲教大起义持续了 10 年之久。嘉庆后期,白莲教支派天理教发动的一次起义还攻入了北京皇宫。以英国为代表的西方资本主义列强也在积极图谋侵略中国。面对内外交困的危局,统治者逐渐无力用传统的观念和手段应付,中国历史就在这样的背景下迈向了近代。

思考题:
1. 清朝的君主专制统治与前代王朝相比有哪些新的特点?
2. 谈谈军机处。

第二十五章
统一多民族国家的巩固与发展

> 明清时期,我国作为统一多民族国家得到了进一步巩固和发展。这方面有哪些具体的表现?中央与各主要边疆地区的关系怎样?我国辽阔的版图是如何在清朝前期奠定的?

同蒙古、新疆地区关系的加强 元朝灭亡后,草原上的蒙古人分裂为鞑靼、瓦剌两大集团。为防御蒙古骑兵南下,明朝在古代长城的基础上,重新修筑了明长城。明中期国力衰退,瓦剌和鞑靼不断威胁明朝北部边防,两次突破长城深入内地,包围北京。瓦剌还曾经在一次战役中俘虏了明英宗。1571年,鞑靼首领俺答汗与明朝订立和议,受封为顺义王。双方恢复并扩大贸易关系,维持了几十年的和平局面。

知识链接

明朝与边疆少数民族经济联系的主要方式是朝贡贸易,即少数民族入朝进贡土产,明廷回赐礼物。由于游牧经济的限制,蒙古迫切需要农业、手工业产品,而明朝对蒙古的朝贡贸易规模有限,时开时停,无法满足后者的需求。俺答汗与明朝达成和议后,不但恢复了定期朝贡关系,还在大同等边镇开设"互市"场所,大市每年一次,小市每月一次,长城内外的农牧民可以前来自由交易。这项措施为蒙汉两族的和平友好关系奠定了基础。

明朝末年,鞑靼又分为漠南蒙古和漠北蒙古,瓦剌被称为漠西蒙古。清朝入关前,打败了漠南蒙古并迫使其归降,漠北和漠西蒙古也遣使臣服。17世纪后期,漠西蒙古准噶尔部的首领噶尔丹势力强大,占据天山南北,又向东进攻漠北和漠南蒙古。清军与噶尔丹及其后继者进行了约70年的战争,最终在1757年彻底击败准噶尔贵族割据势力,完全统一了蒙古各部。清朝设立了乌里雅苏台将军和科布多参赞大臣,掌管漠北、漠西蒙古的军政事务。

清军击败准噶尔后,原受准噶尔统治的天山南路维吾尔贵族大、小和卓①兄弟起兵反清,很快也被平定。此后清朝在新疆设立了伊犁将军,并陆续调遣大批军队前来驻扎,其中以来自东北和华北等地的达斡尔族、满族等少数民族军队为主。这些军人携带家眷扎根边疆,为保卫祖国和开发西北作出了巨大贡献。

清朝政府在边疆地区采取因地制宜的统治政策,尊重各民族的社会习俗和宗教信仰,优待各族上层分子,取得了较好的效果。1771年,早先西迁伏尔加河下游的漠西蒙古土尔扈特部,冲破沙皇俄国的阻挠,万里跋涉,回归祖国,成为轰动一时的大事。

同西藏地区关系的加强 西藏地区在明朝称为乌思藏。明廷封授给当地的僧俗首领法王、王等称号,并设立了宣慰司、元帅府等机构,任用藏族上层人士任职。汉藏之间商贸活动十分活跃。

清初,在西藏占统治地位的佛教格鲁派(又称"黄教")领袖五世达赖来京朝贺,顺治帝隆重地接待了他,以清廷名义册封"达赖喇嘛"尊号。另一位格鲁派领袖五世班禅,在康熙时被赐予"班禅额尔德尼"尊号。此后

---

① 名字分别为波罗尼都、霍集占。"和卓"是伊斯兰教的一个尊称。

历世达赖和班禅,都经过清朝政府的册封。从 1727 年起,清朝开始派遣驻藏大臣,代表中央与达赖、班禅共同管理西藏事务,对西藏的管辖明显加强。

知识链接

格鲁派规定,达赖、班禅的继承人采用"灵童转世"的方法来确定。继任者必须是在前任达赖(或班禅)圆寂①时刻出生的男婴,他被视为圆寂者的转世灵童。有时同时出现几个灵童,可能发生纷争。乾隆后期作出规定,转世灵童必须经过"金瓶掣签"的办法来确认。由驻藏大臣主持,将"灵童"候选人姓名分别写在象牙签上,装入清廷颁发的金瓶内,让喇嘛当众诵经掣签,决定最后人选,然后呈报清廷批准,成为新任达赖或班禅。这一制度体现了清朝政府对西藏宗教势力的管辖权。

"改土归流"和台湾府的设置　明朝在西南少数民族地区任用各族首领担任省以下的基层行政职务,称为土司。土司通常世袭其职,但必须经过中央批准,还要按时缴纳贡赋。后来在一些条件成熟的地区废止了土司制度,改由朝廷任命不世袭、有任期、可以调动的"流官",称为"改土归流"。清雍正时,大规模地在西南推行改土归流措施,进而清查户口,丈量土地,统一征收赋税,建立城池学校。改土归流强化了中央在西南少数民族地区的统治,为当地经济发展和社会进步创造了条件。

清初郑成功收复台湾②后,台湾一直处在郑氏家族统治之下。1683年,康熙帝命大将施琅进取台湾,郑成功的孙子郑克塽(shuǎng)战败投降,台湾纳入清朝版图。清朝设台湾府,隶属于福建省。台湾府的设置,

---

① 佛教对死亡的一种美称。
② 参见第二十六章。

加强了台湾同大陆的联系,促进了台湾的开发,巩固了祖国的海防。

清朝的疆域　　清朝前期,我国的疆域西跨葱岭(今帕米尔高原),西北达巴尔喀什湖,北接西伯利亚,东北至黑龙江以北的外兴安岭和库页岛,东临太平洋,东南到台湾及其附属岛屿钓鱼岛、赤尾屿等,南包南海诸岛,成为亚洲最大的国家。清朝将内地划分为18省,各设巡抚为长官,每两省(个别地方为一省或三省)又设总督一名,相当于大军区长官。在北部和西部边疆,分设若干将军辖区和办事大臣辖区。中央专设理藩院掌管少数民族事务,地位与六部相等。在辽阔的疆土上,生活着汉、满、蒙、回、藏等50多个民族,各族人民共同促进了祖国的巩固和发展。

知识链接

清朝内地18省(1662—1908)是:直隶、山东、山西、河南、江苏、安徽、浙江、江西、福建、湖北、湖南、广东、广西、陕西、甘肃、四川、贵州、云南。乾隆时定制,全国总督共设8处:两江总督辖江苏、安徽、江西三省,闽浙总督辖浙江、福建二省,湖广总督辖湖北、湖南二省,两广总督辖广东、广西二省,云贵总督辖云南、贵州二省,陕甘总督辖陕西、甘肃二省,直隶总督、四川总督各管一省事,通常就兼任该省巡抚。山东、山西、河南三省无总督管辖。

思考题:

1. 清朝在维护国家统一和加强边疆管理方面有哪些重要贡献?
2. 谈谈清朝的疆域。

第二十六章
新形势下的对外关系

> 航海技术的发展和世界局势的变化给明清两朝对外关系带来了新的内容。这段时间的对外关系有哪些重要事件?产生了怎样的历史影响?

郑和下西洋 从 1405 年起,明成祖派遣宦官郑和率领船队 7 次远航海外①,到 1433 年为止,访问了亚非 30 多个国家和地区,最远到达红海沿岸和非洲东海岸,史称"郑和下西洋"。

知识链接

明人将海外诸国以婆罗洲(今文莱)为界分为两部分,以东称东洋,以西称西洋,郑和所到地区在当时都属于"西洋"的范围。郑和的船队规模巨大,船只上百,满载瓷器、丝绸、铁器等货物,被称为"宝船"。随行人员多达 27,000 余人,包括官员、水手、军士、工匠、翻译、医生等各类专业人员。船队在所到之处宣扬明朝国威,邀请各小国前往朝贡,并就地进行交易,用所载货物换取当地特产。

---

① 郑和下西洋前六次都是在明成祖时期,第七次是在明宣宗时期。

郑和下西洋是中国历史上前所未有的主动外交。其规模之大、历时之久、航程之远,在世界航海史上也是空前的。郑和的船队掌握了许多复杂的远洋航行知识,具有很高的航行精确度,开辟了多条新的航海路线,比欧洲航海家的远洋航行早了半个多世纪。但是,郑和下西洋主要出于"耀兵异域,示中国富强"的政治目的,不计经济效益,给明朝带来较大的财政负担。郑和死后,随着明朝国力衰退,远航的壮举悄然结束。

戚继光抗倭　从元朝末年起,日本海盗经常在我国沿海骚扰,被称为倭寇。明朝中期,朝廷希望通过经济封锁的办法打击倭寇,严厉禁止海外贸易。结果东南各省的民间海上走私活动日益严重,走私者与日本海盗相勾结,反而加剧了倭寇的声势。倭寇频繁出没于东南沿海,烧杀抢掠,给当地人民的生命和财产安全造成巨大威胁。

明廷派遣大将戚继光等人抗倭。戚继光在浙江招募农民、矿工等组成一支新军,严加训练,时称"戚家军"。他还针对倭寇的作战特点,在阵法、兵器等方面进行创设和改进。"戚家军"屡战告捷,名闻天下。经过近10年的战斗,东南沿海的倭寇基本肃清。

欧洲殖民者东来　明朝中期,欧洲殖民者开始在中国沿海活动,最早前来的是葡萄牙。16世纪中叶,葡萄牙人以晾晒货物为名,贿赂明朝官员,在广东香山县境内的澳门登陆,长期盘踞不走。明朝政府认为让葡萄牙人住在澳门便于监管,因此允许其居留,每年征收税银2万两。

继葡萄牙之后东来的是西班牙和荷兰,它们分别占据了台湾岛的北部和南部。明朝末年,荷兰击败西班牙,独占台湾。1661年—1662年,在东南沿海坚持抗清的南明将领郑成功跨海远征,经过激烈战斗,打败荷兰殖民者,收复了台湾。郑成功及其子孙统治台湾20余年,保境安民,台湾的经济、文化有了很大发展。

清朝的对外关系　清朝在陆、海两方面面临西方列强的威胁,陆上的对手是沙皇俄国。17世纪前期,沙俄的势力已扩展到黑龙江流域,以雅克萨城①为主要据点,四出劫掠。康熙帝在和平交涉未果之后,于 1685 年调集大军包围雅克萨,用大炮攻城,城中俄军投降。清军没有留兵镇守,雅克萨又被俄军重占。不久清军再度围困雅克萨,俄国政府被迫同意清朝的要求,就边界问题进行外交谈判。1689 年,中俄两国代表签订了《尼布楚②条约》。条约从法律上肯定了黑龙江、乌苏里江流域包括库页岛在内的广大地区都是中国领土。

知识链接

《尼布楚条约》规定:1.中俄两国东段边界以额尔古纳河、格尔必齐河,沿外兴安岭至海为界。清朝同意将额尔古纳河以西原属中国的尼布楚地区让给俄国。两国互不收纳逃亡者,居民不得擅自越界。2.邻海的乌第河与外兴安岭之间的地区,搁置再议。3.拆毁雅克萨城,俄国人迁回其境内。4.两国商旅凭护照可以进行贸易往来。

"康乾盛世"时期,英国已经成为海上头号殖民强国,法国、美国也逐渐向东方发展。它们在中国东南沿海频繁活动,要求扩大对华贸易,开拓中国市场。清朝的态度则以闭关自守为主,尽可能控制贸易、隔绝交往。

康熙时,指定广州等 4 座城市为对外通商口岸,乾隆时加以缩减,仅保留广州一处,并且规定由官府特许的"十三行"③商人代为管理对外贸易一切事务。外商在广州的活动及其与商民的交往,都受到严格约束,目的主要是防范外国人与内地的反清力量发生联系。清廷以"天朝大国"自居,对进口货物关税税额定得很低,但税制混乱,附加税名目繁多,官吏、

---

① 在今黑龙江漠河以东的江对岸,今属俄罗斯。
② 今俄罗斯涅尔琴斯克。
③ 十三行是清代广州经营洋货买卖商行的俗称。十三是习惯称呼的一个约数,并不一定只有十三家。

行商借机牟利,弊端重重。清廷对华人出海贸易也进行严格限制,关于船只型制大小、货物品种数量、商贩水手人数、往返期限等,都有非常苛刻的规定。

对清朝来说,闭关政策虽有一定的自卫作用,但无法真正消除来自西方的潜在威胁,反而妨碍了中西之间的正常了解和顺利对话,加深了隔阂和矛盾。统治者妄自尊大的心态无法改变,中国逐渐落在世界潮流的后面。

思考题:

1. 应当如何评价清朝的对外政策?
2. 谈谈戚继光抗倭。

第二十七章

经济的繁荣与潜在问题

> 明清时期国家强盛,政局稳定,带来了经济的繁荣。这一阶段经济的繁荣有怎样的表现?有哪些值得注意的新现象?又有哪些因素阻碍了经济的进一步发展?

赋役制度的改革 明清统治者在赋役制度方面实行过一些改革,使农民负担有所减轻,促进了生产的发展。主要改革有一条鞭法和摊丁入亩。

一条鞭法是明朝后期内阁首辅张居正主持推行的。规定农民不用再为官府服役,改交役银。役银的多少根据每户人丁[①]、土地两项标准来决定,算出具体数目,再将该户的田赋也折算成银两,一并征收。这项改革合并了农民负担的名目,摊派更加合理,减轻了人身束缚。统一征银还有利于商品经济的发展。

清朝在一条鞭法的基础上,将役银中按人丁摊派的部分即"丁银"加以固定,并最终分摊进田赋。1712年,康熙帝宣布以后每年的丁银都以此前一年的全国人丁总数[②]为标准征收,此外多生人丁,"永不加赋"。雍正时,将这笔数额固定的丁银完全分摊到田赋当中,这就是"摊丁入亩"。

---

① 人丁,指成年男子。
② 数字为2,460万。

这意味着废除了人头税,国家对百姓的人身束缚进一步削弱了。

农业 明清农业发展最突出的表现,是农作物品种的增加和农民多种经营方式的推广。高产粮食作物玉米、红薯在明朝中叶由海外传入,它们不仅单位产量大,而且可以在一些不适宜生长稻麦的贫瘠土地上种植,从而使粮食总产量大幅度提高。这样,一方面养活了更多人口,同时还能腾出土地种植经济作物,推动了农业生产的商品化。新引进的农产品品种有马铃薯、花生、烟草等。

从明朝中叶到清朝,传统农业的单一经营方式在江南等经济发达地区已被打破,多种经营十分兴盛,经济作物品种繁多,种植广泛,产品大量流入市场。很多农民在种植经济作物时还进行了初级加工,或兼营相关副业,以获取更多的收入。

知识链接

明清时期,长江下游的稻作农业区由于多种经营的发展,开始转变为以经济作物种植为主。在松江、苏州占优势的是棉花种植,嘉兴、湖州则是蚕桑业兴盛。长江下游原为唐宋以来全国最大的粮食产区,这时却需要依赖邻近地区提供商品粮,湖广、江西等地成为新的粮食生产中心。宋代谚语"苏、湖熟,天下足"到明清已经变成了"湖广熟,天下足"。

手工业 明期手工业的各行业都有不同程度的进步。一些生产工具得到革新,提高了产品质量和生产效率。丝织业改进了大型织机,提升了织品档次,出现了许多工艺复杂的特色产品。冶铸业采用功效更好的活塞式木风箱,并开始使用焦炭作为燃料。印刷业中利用套印技术,可以印出非常精美的彩色印刷品。一些行业的生产规模有显著扩大。明朝中后期广东佛山的冶铁业,一日可出铁六七千斤。

从明朝后期起,在若干手工业部门中可以时常看到一种新的经营手段,即开设工场,使用自由雇佣劳动进行较大规模的生产。苏州的丝织业经营者"机户"当中,有一批拥有织机数十张、雇佣"织工"数十上百名的工场主。"织工"与工场主没有主奴、师徒一类依附关系,是靠出卖劳动力为生的自由人。类似的情况在当时南方一些地区的榨油、制瓷、矿冶、造纸等行业中均有出现,并在清朝继续发展。它近似于西方资本主义生产关系的早期形态,不少学者称之为"资本主义萌芽"。

商业和城市　自明朝中期起,商品经济空前繁荣,进入了继西汉、宋朝之后的第三个高峰。国内市场扩大,各类农产品和手工业品大量进入流通领域。商业交易普遍使用白银作为货币,促进了长途和大额贸易的发展,也有利于商业资本的集聚。一些地方的人以经商闻名,形成实力雄厚的商人群体,最主要的是安徽南部的徽商和山西的晋商。在工商业发达地区和交通要冲,兴起一大批以经济功能为主的工商业市镇,商业繁荣,人口密集,成为地区贸易网络的核心。

潜在的问题　尽管明清经济十分繁荣,某些方面对传统经济结构有所突破,但新的因素尚不足以成为整个社会经济发展的导向。正当欧洲国家大步迈入近代工业文明的时候,中国社会在总体上却显得迟滞不前,埋下了落后挨打的伏笔。

中国传统的小农经济以男耕女织、自给自足为主要特点。这种经济运行方式不仅在整个社会经济形态中占据着压倒优势,而且具有极强的韧性,很难从根本上打破。广大农民难以成为独立的商品生产者,商人也会将大量资本用于购买土地、放高利贷,或交结官府谋求特权保护。这样,就严重限制了商品生产的扩大,工商业很难得到充分的发展。

日益僵化的专制集权统治严重阻碍了新经济因素的成长。明清统治者坚持重农抑商方针,通过限制经营、强制摊派、低价征购、苛税盘剥等手段,不断对民间工商业进行压制和打击。海禁和闭关政策极大地约束了民间海外贸易的扩展。儒家思想提倡重义轻利,鄙视工商业,忽视科学技术,也不利于社会的进步和转型。

清朝中期,人口急剧膨胀。1741年,统计全国人口为1.4亿有余,到1840年已达到4.1亿,耕地面积远远赶不上人口增长的速度。在传统经济结构的约束下,过剩的农业人口无法顺利转入非农业领域,人口压力日益严重,蕴含着严重的社会危机。

➡ **思考题:**

1. 怎样评价明清经济的历史地位?
2. 谈谈明清赋役制度的改革。

第二十八章
明清(鸦片战争以前)的文化

> 明清两朝社会发展总体迟滞,但又有若干新经济因素破土而出。在这样一个新旧交陈的时代,文化领域表现怎样?有哪些值得注意的成就?

思想界的变化 "程朱理学"成为官学后,日益僵化。明朝中期,王守仁①对南宋陆九渊的思想进行发挥,形成"陆王心学",与"程朱理学"分庭抗礼。他继承了陆九渊"心即理"的观点,并进一步提出"致良知"。"良知"就是隐藏在每个人心中的"天理",它往往被私欲遮蔽,需要重新发现、扩充、实行,这样就可以成为圣贤。"陆王心学"强调自我的主动作用,激励人们奋发立志;而以自己的内心为准则,又隐含着一定的平等和叛逆色彩。在此基础上,明朝后期以李贽为代表的一些思想家提倡个性自由,蔑视权威和教条,甚至否定传统的伦理道德标准,在社会上引起了很大震动。

明末清初社会的剧烈动荡,促进了思想界的活跃。这一时期重要的思想家有黄宗羲、顾炎武、王夫之等人。黄宗羲激烈抨击君主专制制度,称专制帝王为"天下之大害",指出"天下之治乱,不在一姓之兴亡,而在万

---

① 王守仁号阳明,学者多称之为王阳明。

民之忧乐"。他还反对重农抑商观念,提出"工商皆本"的口号。顾炎武针对明朝八股取士造成的空疏学风,倡导将学术研究与现实相结合,解决国计民生的重大问题。他们的思想为传统儒学注入了崭新的时代气息。

大型典籍的编纂 明清两朝为标榜"文治",多次组织学者进行大型典籍的编纂工作。

明成祖时,编成了中国古代最大的类书《永乐大典》。类书是古代起工具书作用的资料汇编,将不同书籍上的材料加以摘录,按照内容分门别类编排起来,便于学者查找。这部巨著已经散佚,今天保存下来的不足4%。

清乾隆后期,编成了中国古代最大的丛书《四库全书》。丛书是多部整体书籍的汇编。根据各书内容,分属经、史、子、集四大部,每部下面又分若干类。它对中国古代文献进行了一次系统和全面的整理,但在编纂时也按照清廷的政治标准销毁了不少"禁书"。

知识链接

《永乐大典》辑录了上古到明初的书籍8,000多种,全书近2.3万卷,分装为1.1万余册。《四库全书》共收录古代重要典籍约3,500种,合计近8万卷,3.6万余册,约7.7亿字。

经、史、子、集是中国古代最通行的图书分类体系。经,包括儒家经书和相关的注解、阐释著作,以及对古代文字字形、读音、含义进行研究的著作。史,包括各种体裁的历史著作。子,包括思想、宗教、科技、艺术等方面的著作,以及笔记、札记、类书等。集,主要指古人撰写的诗词、散文等作品集。

小说与戏曲 小说创作是明清文学最重要的成就。其数量繁多,题材多样,表现手法丰富,在反映社会生活的深度和广度、人物性格的塑造、

细节的描绘、语言的运用等各个方面,都大大超过了前代。

元末明初,出现了我国最早的两部长篇白话小说。施耐庵著《水浒传》叙述北宋末年宋江起义故事,罗贯中著《三国志通俗演义》叙述三国时期的政治、军事斗争,都达到了很高的艺术水准。它们采用的章回体叙事方式,也成为明清长篇白话小说的固定体裁。明朝中期,吴承恩根据民间流传的唐僧取经的故事创作了《西游记》,这是一部具有浓郁浪漫主义气息的长篇神话小说。清朝吴敬梓的长篇讽刺小说《儒林外史》,辛辣地批判了科举制度的弊端和官僚政治的腐败黑暗。

清朝中期由曹雪芹创作的长篇小说《红楼梦》,以贵族家庭贾府的兴衰变迁和男女主人公贾宝玉、林黛玉的恋爱故事为主线,艺术地再现了当时政治、经济、文化和社会生活的多个侧面。全书结构宏大严谨,人物栩栩如生,文字生动优美,写作技巧纯熟。它既是我国古典现实主义文学的高峰,也是享誉世界的名著。

知识链接

除长篇白话小说外,明清其他体裁的小说也有不少名作。明后期冯梦龙编辑、加工的《喻世明言》《警世通言》《醒世恒言》,以及凌濛初编著的《初刻拍案惊奇》《二刻拍案惊奇》,合称"三言二拍",共收录白话短篇小说约200篇,不少作品具有较高的思想和艺术价值。清朝前期蒲松龄撰写的《聊斋志异》以叙述鬼怪故事为主,是一部脍炙人口的文言短篇小说集。

明清戏曲创作也趋向长篇化,情节更加曲折复杂,称为"传奇",代表作有明朝汤显祖的《牡丹亭》、清朝孔尚任的《桃花扇》和洪升的《长生殿》。在舞台演出方面,明朝中叶在江苏昆山一带形成的昆曲长期占据统治地位。清朝乾隆以后,以安徽的徽调为基础,吸取昆曲和其他地方戏的一些优点,在北京形成了京剧,并且逐渐成为全国最流行的剧种。

科技 明清是我国古典科学技术的总结阶段,明朝后期的几部科技巨著是这方面的突出代表。

医药学家李时珍历时 30 余年,写成 190 万字的《本草纲目》,记载药物近 1,900 种、方剂 1 万多个,是古代中药学的集大成著作。

徐光启著《农政全书》,系统地总结了此前历代的农业政策、制度以及农业生产技术,是一部实用性很强的农学典籍。书中还介绍了欧洲的水利技术和农业工具。

知识链接

从 16 世纪后期起,一些欧洲的天主教传教士前来中国传教,代表人物有意大利人利玛窦(Matto Ricci)等。徐光启等开明士大夫与这些传教士合作翻译了不少西方科学书籍。清朝前期,传教士运用欧洲先进的测绘技术,帮助清廷绘制了全国地图。

宋应星著《天工开物》,总结当时的农业、手工业生产技术,对所载各项技术作出详细说明,并且附有插图。它被誉为"中国 17 世纪的工艺百科全书"。

徐宏祖(号霞客)是古代著名的探险家和地理学家,曾周游全国许多地方,深入考察各地的地理、地质状况,写成《徐霞客游记》。书中对石灰岩溶蚀地貌的观察和记述,早于欧洲约 200 年。

思考题:

1. 如何评价明清思想界的新变化?
2. 为什么说明清是我国古典科学技术的总结阶段?

下 编

中国近现代史

第二十九章
鸦片战争

> 为什么说第一次鸦片战争的爆发标志着中国进入了近代?

中国自古以来以农业立国,但中国人的商业意识和经商能力在历代政府的摧残、压制下并没有被根本遏制,据比较可信的历史记载,中国至少从南宋开始已经设立专门的对外贸易管理机构。清朝建立之后,曾一度实行海禁,后来随着清朝政治统治的巩固,中外之间的贸易往来也越来越多,西方一些已经进行工业化的国家不断向中国输入他们的工业产品,并从中国进口西方人极为欢迎的土特产,如茶叶、瓷器等,中外之间的贸易交往一度正常进行。

然而由于中国社会的农业特征,中国的市场开发根本无法大量容纳西方国家的工业产品,而中国的土特产,如茶叶,却成为西方人的日常生活用品,中外之间的贸易不平衡越来越突出。

为了解决这种贸易的不平衡,英国政府于1793年利用庆祝乾隆皇帝八十寿辰的机会派遣马戛尔尼为特使出访中国,与中国政府商讨如何解决双方的贸易问题,要求与中国政府签订外交条约、派驻外交使团,中国向西方尤其是英国开放市场。那时的中国正处在发展的鼎盛时期,华夏中心主义在乾隆皇帝的心目中占据重要地位,所以乾隆皇帝明确地拒绝了马戛尔尼的要求。

> **知识链接**

马戛尔尼使团访华又称马戛尔尼来华,指的是1793年,英政府想通过与清王朝最高当局谈判,在开拓中国市场的同时搜集情报,于是派乔治·马戛尔尼等人访问中国的事件。然而,由于中英两国政治、经济结构的截然不同,双方政府为了维护本国的社会制度和历史传统,在各自的利益上采取了互不相让的顽强抗争态度。因此,在这次外交活动中,双方的冲突便不可避免地爆发了,并由此导致外交谈判的失败。马戛尔尼使团是到达中国的第一个英国外交使团,是中英之间最重要的一次早期交往,是中英关系史上的重大事件。

马戛尔尼访华没有解决中英之间的贸易不平衡问题,为了取得支付的平衡,英国必须向中国支付大批白银,这种贸易状况,与英国资本主义经济扩展的需要是尖锐对立的。于是,英国商人,首先是设在印度的东印度公司,开始利用鸦片这种成本很低而售价极高的特殊商品,取代银货,弥补对华贸易中的赤字。

鸦片输入中国有很久远的历史,至少唐代已有少量的输入,但那时主要是作为药用。英国东印度公司成立之后,开始向中国走私鸦片,毒害中国人的健康和心灵。1796年,清政府曾下令严禁鸦片进口。但清政府内部的腐败官僚,尤其是那些可以从鸦片走私中获利的广东官吏,却乐于维护鸦片走私。所以,清政府的禁烟令充其量只是一个姿态,罪恶的鸦片贸易不仅没有收敛,反而有越演越烈之势。

鉴于鸦片毒害中国人民的身心健康,以及英国以此换取中国大量白银的事实,当时中国政府内部对如何处置鸦片贸易的问题也有过激烈的争论。1836年,曾任广东按察使的太常寺少卿许乃济提出鸦片贸易合法化的主张,他建议对外国进口的鸦片,如同药物一样征收关税,并以中国商品进行易货贸易,而不用白银支付。同时建议在国内种植便宜的罂粟,以便同昂贵的英国鸦片进行抗争,迫使英国商人自动放弃鸦片贸易。

其实,鸦片贸易发展到此时已不再仅仅是一个贸易问题,而是关系到中华民族存亡的大灾难。1835年,全国吸食鸦片者已达到200万人以上。吸食者已不限于一班游手好闲的无业游民,甚至也不仅是士绅平民,而是包括了达官贵人和军队官兵。针对这种情况,魏源曾指出,鸦片在整个中国的泛滥,不仅使中国人形骸枯槁,蛊惑人的心志,还会伤害人的性命,实在是比洪水猛兽还要厉害得多的大患。当时的一位英国历史学家也评论说:奴隶贸易比起鸦片贸易来,都要算是仁慈的。我们没有毁灭非洲人的身体,因为我们的直接利益要求保持他们的生命。可是鸦片贩子在腐蚀、败坏和毁灭了人们的精神存在以后,还要杀害他们的肉体。

一切关心中国命运和前途的中国人不能不对鸦片的泛滥深感忧虑,他们主张为了中国的未来,应该坚决禁止鸦片的走私和泛滥。1838年6月,鸿胪寺卿黄爵滋上书清廷,建议坚决禁止吸食和贩卖鸦片。道光皇帝将黄的奏折批转给直隶、盛京、吉林等省的总督、巡抚进行讨论,并提出可行的建议。

知识链接

林则徐,福建省侯官人,是清朝时期的政治家、思想家和诗人,主张严禁鸦片。1839年,林则徐于广东禁烟时,派人明察暗访,强迫外国鸦片商人交出鸦片,并将没收的鸦片于1839年6月3日在虎门销毁。虎门销烟使中英关系陷入极度紧张状态,成为第一次鸦片战争英国入侵中国的借口。作为中国的民族英雄,林则徐一生力抗西方入侵,同时对于西方的文化、科技和贸易则持开放态度,主张"师夷长技以制夷",着力翻译西方报刊和书籍,编有《四洲志》。

各地官员对黄爵滋的建议进行了讨论，湖广总督林则徐在回奏中不仅支持黄的建议，还提出了一些禁烟的具体措施。他在给皇帝的奏折中痛切地指出：鸦片已流毒于天下，倘若仍不予以正视，是使数十年后，中原几无可以御敌之兵，且无可以充饷之银。1838年12月，清廷任命林则徐为钦差大臣去广东查禁鸦片，并委派他节制广东水师。

1839年3月，林则徐抵达广州。他首先下令查明烟馆以及中国的鸦片商人，然后决定没收外国商人的鸦片。3月18日，林则徐宣布，中外商人必须把所存或藏在中国领海内船只上的全部鸦片上缴地方当局。作为补偿，林则徐同意凡上缴鸦片的外国商人，每一箱鸦片可以获得5斤茶叶的奖赏。同时，为了禁止鸦片走私贸易，林则徐要求所有外商必须具结保证不在中国贩卖鸦片。暂时中止对外贸易。禁止在广东的外国商人在交出全部鸦片之前离开广州。在林则徐坚决措施的打击下，英国驻华商务监督义律被迫同意英国商人将鸦片上缴广东当局。6月3日，林则徐将收缴的鸦片在虎门公开销毁，至6月25日，外国商人先后上缴的19,179箱、共计237万余斤鸦片全部被销毁。在交出鸦片之后，在广州的所有英国人都跟随义律到了澳门。林则徐的禁烟运动在第一阶段取得了完满成功。

知识链接

1839年6月3日，清朝钦差大臣林则徐下令在虎门海滩当众销毁鸦片，至6月25日结束，历时23天，销毁鸦片19,179箱和2,119袋，总重量2,376,254斤。虎门销烟成为打击毒品的历史事件。

英国商人当然不甘心永远放弃具有超额利润的鸦片贸易，他们总是寻找机会，迫使林则徐放弃这种严厉的禁烟措施。1839年7月7日，一群英国水手同中国人在九龙半岛发生冲突，打伤了一些中国人，其中一人很快死去。义律充当主审,将五名水手判处少量罚款和几个月的监禁。广东当局则要求英方将凶犯交给中国法庭,因为凶杀案发生在中国的领土上,英国法律对当地没有任何效力。义律当然不会同意广东当局的要求,于是林则徐在 8 月 15 日下令抵制英国商品,并停止供应英国人粮食。8 月 25 日,英国人只好离开澳门而退回到他们的商船上去。

恼怒的英国人开始蓄意挑起中英之间的冲突。9 月 4 日和 11 月 3 日,英国海船在九龙半岛附近和珠江口穿鼻洋附近两次与中国帆船发生武装冲突。鉴于这种状况,清政府于 11 月 26 日下令断绝对英国人的一切贸易。

林则徐严厉的禁烟措施,尤其是清政府断绝与英国一切贸易的决定,在英国引起了极大的反响。曼彻斯特、伦敦等地与中国有商业往来的数百家企业纷纷要求英国政府立即过问对华贸易问题,并要求政府派遣远征军去中国,企图以军事压力迫使中国政府就范,被没收鸦片的英国商人甚至力图说服政府要中国赔偿被销毁的价值两千万美元的鸦片。12 月 26 日,英国怡和洋行的主管查顿向英国外交大臣提交了一份对华制裁的计划,建议英国政府用武装封锁中国沿海最重要的一些港口,并向清政府提出如下要求:1. 对英国臣民在广州所受到的侮辱表示道歉;2. 赔偿林则徐从英商手中缴去的鸦片;3. 同英国签订通商条约;4. 为外商开放福州、宁波、上海和胶州等四个口岸,英国军队必须暂时占领舟山群岛和厦门。

针对英国的强硬要求,中国方面尤其是林则徐做好了最坏的打算。他采取了一整套措施加强广东的海防和提高军队的战斗力,从美国和葡萄牙等国购买了新式武器,检修了炮台和其他防御工事。在准备战争的同时,林则徐继续开展不妥协的禁止鸦片贸易的运动。1840 年 1 月,他下令将从事鸦片走私贸易的英国商人逐出清帝国国境,并要求英国及其附属国臣民立即将他们的所有商品运出中国港口。1 月 16 日,林则徐照会英国女王,强调英国如果想恢复对华贸易,就必须杜绝犯罪的鸦片贸易。

英国方面并没有接受中国方面的劝告。1840年1月,英国女王公开宣称,英国政府支持义律在中国的行动。随后,英国政府便作出向中国派出远征军的命令,要求远征军首先占领舟山群岛,然后派分舰队北上天津一带。英国政府还照会中国政府,要求中国政府在英国指定的条件下签订英中条约。如果中国拒绝英方的要求,那么英国的远征军将用武力封锁中国沿海的一些主要港口。

6月9日,在中国的领海上出现了英国的第一艘兵船。至6月底,抵达中国的英国军舰已有17艘,远征军共有三个团和工程部队,总数约为4000人。他们在封锁了珠江口之后,立即派分舰队北上,7月4日抵达舟山群岛,并很快占领了定海。8月9日,英国远征军分舰队抵达离天津只有几公里之遥的白河口。8月16日,英军向清政府提交照会:1.赔偿在广东没收的英商鸦片货价;2.赔还英国商人多年欠款;3.对英政府驻华代表义律所受广东当局的侮辱赔礼道歉;4.由英国方面选择,把中国沿海一岛或数岛割让给英国;5.赔偿英国对华远征军军费。

英国兵临城下、直驱京师的举动和蛮横的要求终于吓坏了道光皇帝和清政府。清政府内部本来就在鸦片问题上没有获得一致意见。主张抵抗的虽然大多数出于爱国热情,也有部分主张抵抗的官员出发点并非那么纯净,如反对一切外国人的闽浙总督颜伯焘和主张中国保持闭关自守状态的两江总督裕谦等。而清政府反对禁止鸦片和主张不抵抗的力量一直很有势力,如军机大臣穆彰阿、直隶总督琦善、满洲贵族奕山、奕经、耆英、伊里布等,他们或同鸦片走私多有关系,或是担心汉族人会趁清政府抵抗英国的时机起来推翻满族人的政治统治。两害相权取其轻,清政府为了维护满洲贵族的统治,终于采纳穆彰阿的方针,对英国的要求不断退让和妥协。8月30日,琦善同英军开始谈判,除了关于赔偿在广东销毁的鸦片烟价和把中国岛屿永远割给英国这两点之外,清政府被迫满足了英国照会中提出的各项要求。9月4日,清政府下令恢复中英之间业已中断的贸易。17日,清政府又指示沿海各省总督和巡抚,禁止向英国军舰开火。29日,清廷下令免除林则徐的职务,任命琦善接替。11月,清廷颁布上谕,开放烟禁。

清政府单方面的妥协并没有换来英国方面的退让,1841年1月7日,英国军队攻占珠江口重要的防御地点。琦善向义律请求停战和继续谈判,20日双方签订《穿鼻草约》,中国答应:1.将香港岛和港湾割给英国;2.赔偿英商被没收的烟价600万元;3.保证两国间平等的外交关系;4.开放广州为通商港口。英国方面答应从定海撤军。但英国军队不待条约获得批准就于26日强行占领香港。

琦善没有将《穿鼻条约》的内容如实向清廷报告,而北京方面在获知英军1月7日向珠江口进攻的消息后,于29日正式向英国宣战。2月1日,清廷任命奕山为靖逆将军驻广州。广东境内重新开始了军事行动。2月25日,英军向珠江要塞发动进攻,虎门陷落,广东水师提督关天培壮烈殉国。3月20日,广东当局下令恢复外国在广东的贸易,鸦片走私活动在英国军舰的掩护下更加猖獗。5月21日晚,奕山命令清军用炮火袭击停在珠江江面上的英国军舰。24日,英军陆战队登陆作战,而奕山却下令广州外围要冲的全部守军撤到城里,关闭城门,遂使英军如入无人之境,迅速占领广州城外的军事据点,开始了对广州孤城的围困。26日,困境中的奕山向英军求和。27日,双方签订《广州和约》,规定:1.协议签订后六天内,钦差大臣联同从外省调来广东的军队必须离开广州,退到离广州六十里以外的地方;2.从27日起,一周内中国人必须向英方赔款600万元,当天日落前须先付100万元;3.为使中方执行上述两条,英军留驻广东各防地,其中包括虎门炮台。

广东当局的退让、妥协,以及英军的无恶不作,深深地激怒了广东人民。在一些爱国士绅的组织下,他们自发地成立了"平英团",并于5月30—31日,在广州郊区三元里举行了声势浩大的武装行动,迫使英军退回军舰。

6月1日,停战协议期满,广东当局基本上履行了协议规定的条件,英国军队开始撤离广州。第一次鸦片战争在广东方面的战役基本结束。

清政府在广东战事结束之后以为中英之间的冲突也随之结束，遂下令从广东撤走外地援军，并命令恢复中英之间的贸易往来。然而英国方面对结果根本不满意，1841年8月，英国政府任命璞鼎查取代义律出任英国驻华代表和武装力量司令，他们计划把战事扩大到长江流域，重新占领舟山群岛，夺取长江战略要地，迫使清政府全部满足英国政府的要求。8月27日，英军占领厦门。10月1日，攻占定海。10月10日攻陷镇海。10月13日，占宁波。1842年3月15日，英军溯长江而上，5月18日攻占乍浦。6月19日，占上海。7月15日，英国军舰驶入长江北岸大运河入口处瓜州。7月21日，占领通往南京的军事要地镇江，直接威胁南京城。8月8日，清政府全权代表耆英和伊里布奉命抵达南京与英军议和。8月29日，双方在英国军舰上签订了中国近代史上第一个不平等条约《南京条约》。

知识链接

第一次鸦片战争是英国向清朝走私鸦片从而引发的一场战争，战争的导火线是英国商人在中国广东海域走私鸦片20多年不止日盛，林则徐于1839年在广东强行销烟，中英矛盾逐次升级，而战争以中国失败并赔款割地告终。由此签署的《南京条约》是近代中国的第一个不平等条约，除赔款外，中国将香港岛永久让予英国，并使英国得到领事裁判权。

根据《南京条约》第二款规定，中国为英国贸易开放广州、厦门、福州、宁波、上海五处港口，英国人在这些港口享有不受限制的通商、居住等特权，从而建立起所谓"港口开放制度"。根据条约第三款，清政府将香港岛割给英国"常远据守"。按照第四款，中国向英方赔偿1839年在广州销毁的鸦片600万元。第五款宣布英商有权在中国自由贸易，从而取消了"公行"制度；根据该条款，中国应再付给英商300万元，以补偿公行对英商的欠款。条约第六条规定，中国向英国赔偿战争费用1200万元。根据条约第十款的规定，中国丧失了关税自主权。

《南京条约》对中国后来的发展变化具有决定性的意义，它一方面为外国资本正式进入中国开通了道路，成为外国资本奴役中国的开端；另一方面，该条约彻底打碎了中国长期以来闭关锁国的状态，用强力的手段迫使中国不得不卷入世界资本主义体系，中国开始了近代化的艰难历程，资本主义的因素在中国开始成长，但是这种成长并不是通过中国国内的资本主义独立发展实现的，而是通过外国殖民者对中国强行奴役达成的，因此中国从此沦为半殖民地半封建的社会形态。

思考题：

1. 《南京条约》的主要内容与影响有哪些？
2. 谈谈林则徐虎门销烟。

第三十章
太平天国运动

> 太平天国运动与中国历史上的农民起义有何不同?

西方列强通过第一次鸦片战争用大炮打开了中国市场,将中国强行拖入世界一体化的经济体系之中,它严重地破坏了中国固有的经济方式,极大地影响了中国下层民众的日常生活,导致中国国内阶级矛盾和民族矛盾的急剧尖锐化,并由此导致太平天国农民战争的爆发。正如马克思在《中国革命和欧洲革命》中所分析的那样,推动太平天国农民起义的毫无疑问是英国的大炮,以及英国用大炮强迫输入中国的鸦片。

根据《东华录》不完全记载,1841—1849 年,全国各省大约有 110 次自发性的农民暴动和武装起义。1848—1850 年,仅仅在广西一省,就先后爆发了几十次具有相当规模的武装起事。

在这些农民武装起义中,秘密会社曾经起到过重要的作用。秘密会社在中国传统农业社会中具有悠久的历史,是根深蒂固的氏族和乡土观念下的必然产物。秘密会社的规模大小不等,成员也比较复杂,但一般说来以下层社会的农民、手工业者、无业游民、乞丐以及那些在考场、官场失意的士绅等为主。

太平天国运动的创始人洪秀全就是一位三进考场而没有获得秀才功名的小知识分子,但考试经历使他获得了其他的机会。据记载,洪秀全在广州应试的时候,曾经通过在那里的西方传教士了解到基督教的一般教义,尤其是对基督教人人皆平等的思想印象深刻。1843年,洪秀全说服他的一些亲戚朋友加入基督教,就这样开始组织"拜上帝会"。最早追随洪秀全的是他的堂兄弟洪仁玕和密友冯云山。冯也是一位乡村教师,才智过人、精力充沛,后来成为太平天国运动杰出的领导者之一。

知识链接

洪秀全,是太平天国以驱逐侵略者、恢复祖国的名义发动太平天国运动的领袖,广东花县人,是汉族客家人。他在道光年间屡应科举不中,吸取早期基督教义中的平等思想,创立了影响深远的拜上帝会,发动了太平天国起义。洪秀全建立太平天国,称天王,1853年以南京作为首都,改名天京。1864年在天京自尽,太平天国运动在他去世后归于结束。洪秀全领导的太平天国运动席卷了大半个中国,对清王朝乃至整个近代历史造成了深远的影响。

经过几年坚持不懈的宣传、鼓动和组织,至1847年年底,拜上帝会的领导核心已基本确立。除了作为思想领袖和指导者的洪秀全及负责实际组织工作的冯云山以外,农民出身的杨秀清、萧朝贵、石达开,矿工出身的秦日纲,以及小地主出身的韦昌辉等后来一些重要的领导人,都已云集在洪秀全的周围。

1850年6月,广西许多县发生农民骚动或暴动,拜上帝会的主要活动区域紫荆山一带也极不安宁。洪秀全等人认为形势对他们起事极为有利,于是命令广西、广东两省凡信奉真上帝的人立即组织起来,向紫荆山南面的金田村集结,很快就组织起了大约 2 万名武装男女。11 月,他们在金田村建立军营,将各式各样的队伍统编成同一样式的军事组织。他们取消了清朝满族征服者强加给汉人的剃头留辫的旧习,蓄起长发,因此在清朝方面又称太平军为"长毛"。

经过一番周密的部署和整编,1851 年 1 月 11 日,洪秀全在金田村率众起义,建号太平天国。3 月,洪秀全自称天王。在此后的几个月里,太平军与清军开始发生直接冲突,并接连取得几个战役的胜利。但到了是年 9 月,更多的清军包围了紫荆山,太平军被迫离开自己的基地,很快占领了紫荆山东北约 100 多公里的永安。

在永安的日子里,太平天国建立起自己的官制、组织系统,并制定了一些必需的政纪和军纪。1852 年 2 月,在永安的太平军又被数量上和装备上占优势的清军所包围。不得已,太平军遂于 4 月初自永安突围,入湖南,攻长沙,进湖北,1853 年 1 月,克武昌,沿江东下,3 月占南京,定为都城,命名为天京。

定都之后不久,太平天国政府即颁布《天朝田亩制度》,阐明重新分配全部土地的一般原则,确立农村中的乡官制度,实行独立自主、反对外来侵略的对外政策。5 月,举行北伐和西征,各地天地会、捻军纷纷响应,发动起义或配合太平军的军事行动。

知识链接

《天朝田亩制度》是太平天国时期颁发的一部纲领性文件,是洪秀全根据《原道救世歌》《原道醒世训》等著作中阐述的平等思想而提出来的。1853 年建都天京(今南京)后颁布。主要内容:1.宣布一切土地和财富都归皇上帝所有。确定:"凡天下田,天下人同耕"的原则,"有田同耕,有饭同食,有衣同穿,有钱同使。"规定"凡田分九等","凡分田:照人口,不论男妇好丑各一半"的分田办法。2.规定县以下行政制度,设立各级乡官，并规定乡官的保举、升贬、奖惩办法。凡居民 25 家为"两"，设"两司马"负责管理生产、分配、教育、宗教、司法以及地方武装等工作。3. 规定余粮、余钱缴"国库"的办法，每家农副业收获，扣除口粮外，其余送缴"国库"按制发给。4. 废除封建买卖婚姻，规定"凡天下婚姻，不论财"。太平天国在其占领区虽多次颁布，但未实施平分土地的规定。

太平军的北伐震动京师，而西征则先后占领了安庆、九江、武昌的军事重镇。1856 年春夏，太平军连破清军江北、江南大营，将太平军的军事成就推向辉煌，清政府对之极为恐惧。

战争状态的太平军比较容易维系自己的团结，而一旦他们进城建立相对稳定的政权之后，其内部的矛盾便很快显现出来。东王杨秀清居功自傲，独揽大权，挟制天王，压制同僚。待清军江南大营被攻破之后，杨秀清更加专横，竟然逼洪秀全封他为万岁，不仅引起诸王的不满，也引起天王洪秀全的高度疑虑。1856 年秋，洪秀全密诏北王韦昌辉、翼王石达开等回天京解除杨秀清的威逼。韦昌辉在进京残杀了杨秀清之后乘机扩大事态，诛杀杨氏家属及其部众数万人。

一个月后，石达开回到天京，得知韦昌辉的暴行及天王洪秀全的意图后，对韦的行为深为不满。但当他得知韦昌辉也有意杀他的消息后，立即离开天京，返回军营。韦昌辉下令杀死住在天京的石达开全家。

返回军营的石达开，立即调集亲信部队 4 万余人于 11 月初围困天京，要求洪秀全处决韦昌辉及其他残杀无辜的祸首。韦昌辉在天京的暴行不仅引起军队和一般民众的不满，实际上洪秀全也已对韦昌辉失去信任。于是洪秀全利用石达开大兵压境的机会，下令逮捕并处决了韦昌辉及其追随者。11 月 28 日，洪秀全委托石达开主持朝政。

石达开在太平军中很有威望，但是他在主持朝政的岁月中不仅无法弥合太平军高层已有的内讧和不信任，而且自己也很快受到洪秀全的猜忌,不得已,石达开于次年5月离京出走,后带领20万大军单独行动。

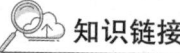 **知识链接**

《资政新篇》,洪仁玕撰写,1859刊行。洪仁玕1859年4月被封为干王,总理全国政事。他向洪秀全提出了一个改革内政和建设国家的新方案——《资政新篇》。《资政新篇》经洪秀全批准后,作为官方的文书正式颁行,是太平天国后期的重要文献。《资政新篇》具有鲜明的资本主义色彩,是近代中国的先进人士最早提出的发展资本主义的近代化纲领,集中反映了当时思想先进的中国人向西方寻找真理和探索救国救民道路的迫切愿望。但由于农民阶级自身的局限性以及没有付诸实施的客观环境和条件,对太平天国革命的发展未产生显著作用。

杨韦事变和石达开分军出走,使太平军蒙受了无法弥补的重大损失,太平天国运动由此发生从胜到衰的根本转折,武昌、镇江、九江相继失守,天京也被清军团团围住。洪秀全虽然有意提拔陈玉成、李秀成等主将重整军威,并相继再破清军江南、江北大营,获三河大捷,攻克常州、苏州,但实际上太平军已经无法再与清军相持下去。尤其是第二次鸦片战争后,西方列强公开支持清政府镇压太平天国,于是在中外势力的联合镇压下,苏州、杭州相继失守。1864年7月,天京也被曾国藩的湘军攻陷。曾经长达14年与清政府南北对峙、纵横南方18个省区的太平天国运动就此失败。

知识链接

曾国藩,中国近代政治家、战略家、理学家、文学家,湘军的创立者和统帅。与胡林翼并称曾胡，与李鸿章、左宗棠、张之洞并称"晚清四大名臣"。太平天国运动时，曾国藩组建湘军，力挽狂澜，经过多年鏖战后攻灭太平天国。他也是中国近代化建设的开拓者之一。

➡ **思考题：**

1. 谈谈太平天国运动的历史局限性？
2. 谈谈《资政新篇》。

第三十一章
洋务运动

> 清政府发动洋务运动的直接原因是什么？

太平天国运动失败之后，近代中国的农民革命运动转入低潮，而清朝的政治统治进入一段相对稳定的时期。在这一时期，清朝的政治家、思想家有机会重新认识世界，重新考虑中国在世界舞台上的地位。

鸦片战争前夕，林则徐就已经开始留意外国的情况。他到广州查禁鸦片时，就曾组织专门的机构，系统翻译西方的书报，并将其中有关西方国家历史、地理和政治状况的资料编辑成《四洲志》，开启了中国人重新认识世界的艰难历程。

知识链接

《四洲志》是由林则徐主持编译的一部世界地理著作，成书于清朝末年，书中简要叙述了世界四大洲（亚洲、欧洲、非洲、美洲）30多个国家的地理、历史和政治状况，是近代中国第一部相对完整、比较系统的世界地理志书。

鸦片战争的失败,给中国知识界带来空前的震动,长期盘桓于士大夫头脑中的"天朝上国"的迷梦开始瓦解。他们面对随之而来的一系列"可骇可耻之事",不得不思索这样的问题,那就是,为什么久负天朝上国盛名的老大帝国竟然被来自海天万里之外的英吉利小国所战胜?他们从这一失败的事实中深刻地体会到,为了中国的未来,为了"筹制夷之策",中国必须了解西方,知彼虚实。于是中国近代最早一批研究西方国家的著作如魏源在林则徐《四洲志》基础上扩充完成的《海国图志》、徐继畲的《瀛环志略》等在19世纪40年代相继出版。魏源还在《海国图志》中提出向西方学习的思想,主张"师夷长技以制夷",强调中国应该学习西方国家在科学技术方面的某些长处,建议在广东设置造船厂和火器厂,延聘西方国家的工程技术人员来中国传授知识和技术,从而使中国"风气日开,智慧日出,方见东海之民,犹西海之民"。

知识链接

《海国图志》是中国著名思想家魏源的作品之一。《海国图志》的全部内容,就是围绕"夷"这个中心,全方位地介绍世界各国的地理、历史、政治、经济、军事、科技,乃至宗教、文化、教育、风土等各种情况。《海国图志》的主旨是"师夷长技",所以如何造西洋炮、造西洋船等近代军事科技资料,但凡能搜集到手的,无不汇聚书中,这是中国有史以来未曾有之书,后来传播到日本,对明治维新也产生了一定的影响。

太平天国运动失败之后,国内稳定的政治局势为魏源的主张由理想变成现实提供了必要的条件。1858年,年老的兵部左侍郎王茂荫将《海国图志》奏请御览,盛赞该书为"守之法、战之法、款之法"。李鸿章的亲信幕僚冯桂芬在1861年准备出版的《校邠庐抗议》中明确地表达了"以中国之伦常名教为原本,辅以诸国富强之术"的思想。这一思想成为后来张之

洞"中学为体，西学为用"体系的基础和源头。

知识链接

《校邠庐抗议》是一部政论集，也是近代思想家冯桂芬的代表作。作者针对清咸丰朝以后的社会大变动，以及当时科技水平落后于西方国家的状况，向当权者提出了一系列改革方案。此书共收政论47篇，内容涉及政治、军事、文化、生产、经济等领域，指出了向西方学习的时代方向，集中体现了作者的开放思想。其中采西学、制洋器、改科举等多项建议被洋务派所采纳，进而成为洋务政策。其处理中西学关系的原则"以中国之伦常名教为原本，辅以诸国富强之术"被概括为"中学为本，西学为用"，成为变法图强的理论根据，对清末政治、经济演变的影响甚大。

在镇压太平天国和两次鸦片战争的实际经历中，清朝的统治者已经深深地感到，西方的军事技术比中国中世纪的手段与装备要优越得多。因此，在第二次鸦片战争期间，清政府内部就出现了一批主张吸收和筹办夷务即洋务的人。他们在清政府高层最显赫的代表人物有满洲贵族中拥有大权的恭亲王奕䜣，还有内阁大臣桂良、军机大臣文祥。因镇压太平天国而崛起的汉族高官如两江总督曾国藩、李鸿章、左宗棠等也持相同的观点。他们的兴趣首先在于西方列强先进的射击武器和大炮、轮船、弹药的制造工艺。他们主张立即与英、法媾和，对中国长期以来的闭关锁国政策进行调整，按照西方近代国家的常规互设使馆、缔结条约，建立与西方国家正常的外交关系。1861年1月，恭亲王奕䜣等人正式提出在京师设立总理各国事务衙门、在南北两地设立管理各通商口岸事务的两个钦差大臣（后来演化为南北洋大臣）等建议，长达30年之久的洋务运动正式启动。

知识链接

总理各国事务衙门，简称"总理衙门""总署""译署"，为清政府办洋务及外交事务而特设的中央机构，于1861年1月20日由咸丰帝批准成立。总理衙门最初主管外交及通商、关税等事务，后来也管理筑铁路、开矿、制造枪炮军火等事务，总揽全部洋务事宜。总理衙门存在了40年，直到光绪二十七年（1901年），据清政府与列强签订的《辛丑条约》第12款规定，改为外务部，仍位列六部之上。

在洋务运动的初期，洋务运动的领袖将加强清帝国的武装力量作为最优先的考虑，所以他们最先着手进行的就是在国内建立近代意义上的军事工业。1861年，曾国藩在刚刚从太平天国手中夺到的安庆建立了第一个现代化的军械所，并生产出子弹、炮弹等。1862年，李鸿章在上海开设洋炮局，并聘请英国人马格里等负责管理。待从太平天国手中夺回苏州后，上海洋炮局迁往苏州，进口了一批外国设备，在生产军火的同时，也开始修理从国外购买来的一些军舰。苏州洋炮局后来迁到南京，更名为金陵制造局。随后，在天津、西安、广州、吉林、兰州和成都等地，也相继建立了兵工厂和机器制造局等。

1865年之后，中国国内的政治环境持续稳定，中国与外国之间的冲突也较为缓和，于是机器制造即真正意义上的近代工业发展开始提上日程。这一年，李鸿章在上海创办江南制造局。1864年，左宗棠在杭州设立造船厂。1866年，杭州造船厂前往福州马尾，大力扩展并组成当时由中国管理的最大的造船厂。1868年10月，江南造船厂制造的第一艘大型轮船下水，表明中国已经在一定程度上掌握了西方的科学技术，是中国由贫弱走向富强的转机。

🔍 **知识链接**

江南机器制造总局,简称江南制造局或江南制造总局,又称上海机器局,是清朝洋务运动中成立的近代军事工业生产机构,为晚清中国最重要的军工厂,是清政府洋务派开设的规模最大的近代军事企业。江南机器制造总局是近代中国最早的新式工厂之一,为江南造船厂的前身,同时也是近代中国最大的军火工厂。

洋务运动对中国的另一个重要影响是西方近代科学技术的引进和传播。1861年1月,清政府批准恭亲王、桂良和文祥等人在北京设立京师同文馆的建议,聘请外国教习讲授外国语。1866年以后,京师同文馆又增设天文和数学等科目。这标志着清政府开始主动培养学习西方近代科学技术的专门人才。1863年3月,李鸿章建议仿照京师同文馆的体制,在上海和广州开设类似于同文馆的机构。1866年6月,左宗棠建议在福州开设船政局和学习造船及驾驶的学堂。1877年,李鸿章建议在通商口岸城市普遍建立西学学堂,以便学习物理、化学、制图、机械、轮船驾驶、电工技术、军事学等学科,并建议将这些新式学科列入国家考试的科目,成绩优异者可以像科举考试一样获取功名。所有这些建议,经过激烈的争论之后大都获得了批准,从而为西方科学技术在近代中国的传播提供了基本的条件。

🔍 **知识链接**

京师同文馆是清末第一所官办外语专门学校,由恭亲王奕䜣和军机大臣文祥于1861年1月奏请开办,并于1862年8月24日正式开办,初以培养外语翻译、洋务人才为目的,以外国人为教习,专门培养外文译员,属总理事务衙门。该馆附设印书处、翻译处,曾先后编译、出版自然科学及国际法、经济学书籍二十余种。此外,还设有化学实验室、博物馆、天文台等。1902年1月,并入京师大学堂。

建立同文馆、船政学堂等类机构是为了引进西方科学技术,而更直接掌握西方科学技术精髓无疑需要派出自己的青年学子到西方去学习,根据这一原则,清政府从1872年开始先后派遣了几批共120名青少年到美国去学习,开创了近代中国留学的先河。1877年,福州船政局船政学堂的一批毕业生也被派遣到欧洲各国见习3年,学习西方科学技术乃至社会科学方面的内容,其中就有严复等人。不过,派遣留学生的工作在当时并没有持续地进行下去,1881年,留学美国的这些学生被突然召回国内,原因是害怕他们在接受了西方文化的影响之后将会怀疑中国文化相对于其他文明的优越性。

知识链接

严复,福建侯官县人,近代极具影响力的资产阶级启蒙思想家,著名翻译家、教育家。他先后毕业于福建船政学堂和英国皇家海军学院,曾担任过京师大学堂译局总办、上海复旦公学校长、安庆高等师范学堂校长、清朝学部名辞馆总编辑。在李鸿章创办的北洋水师学堂任教期间,培养了中国近代第一批海军人才,并翻译了《天演论》,创办了《国闻报》,系统地介绍西方民主和科学,宣传维新变法思想,将西方的社会学、政治学、政治经济学、哲学和自然科学介绍到中国。

1879年,李鸿章在天津创办水雷学堂,第二年又开办电报学堂,1881年创办水师学堂,1885年创办武备学堂。仅从这些学堂的名称来看,就不难发现西方近代的各类科学技术都或多或少地被引进中国,掌握近代科学技术知识的新知识分子阶层很快形成。

在重视培养自己的科技人才队伍的同时,洋务运动的主持者还格外注意西方科学技术著作乃至政治、法律等一切有用著作的翻译和出版。尤其是上海的江南制造局翻译馆在这方面做出极大的贡献,有力促进了西方近代思想文化、科学技术在中国的传播。

➡ 思考题:

1. 洋务运动在哪些方面进行了有益的尝试?
2. 谈谈《校邠庐抗议》。

第三十二章
列强侵华势力的扩张与半殖民地半封建社会的形成

> 进入19世纪70年代,中国所面临的国际局势有哪些新动向?

19世纪60—90年代,随着早期资本主义垄断组织的发展和逐步向帝国主义过渡,西方资本主义各国瓜分殖民地的活动趋于活跃。1869年,苏伊士运河通航,中国与欧洲之间的航程大大缩短。1871年,上海和外界建立了电报联系。所有这些,都促使西方列强从19世纪70年代起开始改变对中国的政策。其突出的一点就是从过去巩固不平等条约的方针,转变为对中国进行积极的商业和政治渗透,并加紧掠夺殖民地,采用卑劣的手段侵占中国周边的国家如缅甸、越南和朝鲜,以便以此作为渗透或占据中国边远各省的跳板。

1874年,为了勘察从缅甸到中国云南的通商道路,英国政府派遣了一支武装考察队到云南边境活动,引起了当地民众的恐慌,双方发生了冲突,考察队翻译、英国驻华使馆官员马嘉理于1875年2月被云南当地的民众所杀。马嘉理案为英国政府向清政府施压提供了借口,1876年9月,李鸿章就此案与英国驻华公使在烟台达成一些协议,中国除了向英国进行赔偿外,被迫同意英国有权在缅甸和云南省边境进行贸易,同意外国商品免交厘金,同意在各对外通商口岸设立特别司法机关会审公堂,以保护在华外国人的利益。

知识链接

李鸿章,晚清名臣,洋务运动的主要领导人之一,安徽省合肥人,是淮军、北洋水师的创始人和统帅,洋务运动的领袖,晚清重臣,建立了中国第一支西式海军北洋水师。其一生中参与了一系列重大历史事件,包括镇压太平天国运动、镇压捻军起义、洋务运动、甲午战争等,代表清政府签订了《越南条约》《马关条约》《中法简明条约》《辛丑条约》等一系列不平等条约。

英国从西南边境威逼中国,而刚刚于1861年废除农奴制的俄国也从中国的西北地区侵略中国。1871年7月,俄国军队乘新疆回民举事的机会占领伊犁,并乘机向中国提出割让领土的要求。1881年2月,中俄双方在彼得堡达成协议,中国部分恢复对伊犁的主权,而俄国则保留伊犁西部的一块土地,并对中俄的部分边境进行了调整。清政府为了补偿俄国暂时占领伊犁所用的军费,同意向俄国赔偿900万卢布。根据这个条约及同时修订的通商章程,俄国还获得了在新疆通商的一系列重要特惠条件。

日本于1868年明治维新后方才走上资本主义的发展道路,但它很快开始了对外扩张。1872年将琉球群岛强行并入日本。1874年,日本军队在美国的支持下在台湾南部登陆,后经英国的调停方才撤出,但向中国索赔100万两白银。

> 📖 **知识链接**
>
> 刘永福,清末民初军事人物,原是反清的黑旗军将领,1883年率黑旗军参加中法战争,屡次大败法军。甲午战争期间,奉命赴台抗日,但最终失败。1895年5月25日台湾割让后,台湾民众公推巡抚唐景崧为台湾民主国总统,刘永福为大将军。唐景崧内渡后,同年6月刘永福被公推为台湾民主国大总统,但他三拒总统印,以抗日盟主的身份继续领导台湾民众抗日。

1883年8月,原本属于中国"保护国"的越南沦为法国的"保护国",中法关系顿趋紧张。1884年初,包括黑旗军在内的5万清军在北宁与法国军队交战时惨败。8月23日,法国军舰突袭福州马江内的中国海军,并炮轰马尾船厂,中国11艘军舰、19艘商船全被击沉,马尾船厂也遭到毁灭。8月26日,清政府下令桂滇各军进攻法军,前方将士屡挫敌锋,给法军以很大的打击。1885年3月,中国军队收复凉山。但中国军队并没有乘机继续扩大战果,而是于4月接受了议和的协议。6月9日,中法两国代表在天津签订《中法会订越南条约》,即《中法新约》或《越南条款》,确认越南沦为法国的殖民地。

> 📖 **知识链接**
>
> 中法战争是1883年12月至1885年4月,由于法国侵略越南并进而侵略中国而引起的一次战争。第一阶段战场在越南北部;第二阶段扩大到中国东南沿海。战争过程中,法海陆两军虽于多数战役占上风,但均无法取得底定全局的战略性大胜;法国远东舰队虽于海战赢得全胜,并一度攻占基隆,却因沪尾(今台北县淡水镇)一役受挫及疫病流行,无法达成拿

下台湾岛的战略目的；而清军虽于初期陆海两军皆遭惨败，导致由恭亲王奕䜣领班的军机处被全面撤换（甲申易枢），但后期台湾及杭州湾防卫成功，且冯子材统率各部于镇南关之役给法国陆军带来较重伤亡，法军统帅尼格里也身受重伤。战争的失败直接导致法国总理茹费里等内阁集体垮台。以此为契机，两国重启和谈，签订《中法新约》，清政府承认法国对法属印度支那诸殖民地的宗主权，两国重开贸易。受此战的影响，清廷于台湾设省，以刘铭传为巡抚，大力推展现代化防务及新政，并积极筹建北洋水师。

➡️ 思考题：

1. 简述中法战争的过程与影响。
2. 谈谈刘永福。

第三十三章
改良思潮与戊戌维新

> 在反思30年洋务运动和甲午战争失败的基础上,思考戊戌维新是怎样一步步兴起的。

1884年中国在中法战争中的失败使持续20多年的洋务运动开始受到保守主义清流派和激进主义新兴思想家两方面的质疑。保守主义代表人物有张之洞等人,他们主要批评政府的个别措施,要求政府拒绝革新,断绝与外国的外交关系。而具有激进主义特征的新兴社会势力思想家开始注意到研究西方国家制度的必要性。张自牧于1884年出版的《蠡测卮言》中承认西方国家政治结构中有许多优点,西方近代国家之所以富强的秘密,主要在于那里的君主与臣民上下一致,社会关系单纯。1887年,康有为开始写作《大同书》,期望找到一条将人类从苦难、贫困和社会不平等中解救出来的道路。1888年,康有为第一次上书皇帝,提出自己的改革方案。1890年汤震出版的《危言》主张将西方国家的国会制度移植到中国来,强调统治者应该向人民征询意见。1893年,陈虬发表一系列有关中国政治体制改革的文章,主张将全国各省、府、州、县都变成分封的、以世袭贵族为首的公国,各公国设立由官员组成的具有谘议性质的议会,这样,各个公国在按照严格的等级服从中央统治、维护中国统一的前提下,实行高度的自治,各个公国都应该是自给自足的经济和政治单位。同一年,郑观应的《盛世危言》出版,在这部著作里,郑观应呼吁清政府效仿西方实行温和的资产阶级政治体制改革,按照英国的方式实行君主立宪制。此外,马建忠、王韬等曾发表过一些拥护"欧化"或进行政治改革的言论。

知识链接

郑观应,是中国近代最早具有完整维新思想体系的理论家、启蒙思想家,也是实业家、教育家、文学家、慈善家和热忱的爱国者。著有《盛世危言》一书,全书贯穿着"富强救国"的主题,对政治、经济、军事、外交、文化诸方面的改革提出了切实可行的方案,在当时给甲午战败以后沮丧、迷茫的晚清末世开出了一帖拯危于安的良药。

改良主义的政治思潮在中法战争失败后获得了空前的发展,取得了官僚、士大夫阶层的同情和支持,如果不发生大的意外,相信中国在经过一段时间的调适之后也必将踏上缓慢的、渐进的政治变革的轨道。然而,1894年爆发的中日甲午战争打乱了中国的政治日程表,中国被迫步入急剧的政治变革道路。

知识链接

王韬,清末杰出的思想家、政论家。王韬游历欧洲多年,见证了西方日新月异的资本主义文明,于1874年在香港创办了中国报刊史上第一份以政论为主的报纸——《循环日报》。王韬是中国第一位报刊政论家,《弢园文录外编》是我国最早的一部报刊政论文集。

日本在明治维新之后一直觊觎朝鲜，力图变朝鲜为自己的保护国。1894年4月，日本借朝鲜秘密会社东学党起义的机会乘机出兵朝鲜，与驻朝鲜的清军发生冲突。7月25日，日本巡洋舰在朝鲜海岸击沉中国的"高升号"轮船，船上的700余名将士遇难。29日，向牙山的中国驻军发动进攻，中国军队被迫向平壤撤退。8月1日，中日两国政府同时宣战，中日甲午战争全面爆发。

9月13日，平壤战役爆发，中国军队不敌，全军溃退。9月17日，丁汝昌率领的北洋舰队14艘军舰在黄海海面与日本舰队遭遇，致远舰管带邓世昌在座舰受伤后鼓轮欲与日舰同归于尽，不幸中敌方鱼雷而壮烈殉国。是役，中国军舰沉没5艘，日本军舰沉没1艘。

知识链接

邓世昌，清末北洋水师将领，民族英雄。邓世昌是中国最早的一批海军军官中的一个，是清朝北洋舰队中致远号的舰长。1894年中日甲午战争时为致远号巡洋舰管带，在黄海海战中壮烈牺牲。

10月24日，日本军队四万余人在辽东半岛登陆，经过将近一个月的战斗，日军连下数城，11月7日陷金州，8日占大连，21日据旅顺，12月13日陷海城。各地清军望风披靡，不战而溃，形势岌岌可危。而日军所到之处，实行惨无人性的大屠杀。12月22日，清政府任命湖南巡抚邵友濂赴日议和，遭日方拒绝。1895年2月12日，邵友濂等人被逐回国。而同一日，驻守在刘公岛的北洋海军残余船舰在洋员的鼓动下向日军投降，提督丁汝昌服毒自杀，北洋舰队至此全军覆没。3月初，辽东半岛全部被日军占领。

1895年2月13日，清政府任命李鸿章为议和全权大臣。3月19日，李鸿章等抵达日本马关。经过一系列谈判，3月30日，双方签订停战协定。4月17日，签订《马关条约》，其主要内容为：1. 确认朝鲜的独立，实际上是承认日本对朝鲜的控制权。2. 割让辽东半岛、台湾和澎湖列岛。3. 中国向日本赔偿军费两万万两以及日军"暂驻"威海卫的逐年费用数百万两。4. 中国同意增设沙市、重庆、苏州、杭州四处口岸，日本可在各通商口岸设厂制造，并享有各种优惠的待遇。

知识链接

三国干涉还辽，发生于甲午战争后。1895年4月17日，清政府与日本明治政府签署《马关条约》，割让辽东半岛予日本国。六日后，俄罗斯帝国、德意志帝国和法兰西第三共和国为了自身利益，以提供"友善劝告"为借口，迫使日本把辽东还给清政府。日本为此深感屈辱，三国干涉还辽也是日俄战争的原因。

割地赔款的《马关条约》激起国内民众的激烈反对，台湾民众呼吁清政府毁约再战，正在京师参加会试的十八省举人1000余人联名上书，提出毁约、迁都、变法的主张。此后各地各阶层的民众都以不同的方式向清政府表达对《马关条约》的不满，维新运动在各地逐步开展起来。康有为、梁启超、麦孟华等人在京师创办《万国公报》，后更名为《强学报》，进行变法维新的宣传。1895年8月，又在京师成立独特的变法维新团体强学会，组织京城的开明官僚、士绅讨论强国的道路和办法，以及改造经济、政治、文化的措施。11月，康有为征得署理两江总督张之洞的同意，筹组上海强学会，组织南方知识分子参加，并于1896年创办后来影响巨大的社会政治性杂志《时务报》，对推动后来的维新变法运动起到了重要作用。

🔍 知识链接

康有为,中国晚清时期重要的政治家、思想家、教育家,资产阶级改良主义的代表人物。1895年,得知《马关条约》签订,康有为联合1300多名举人上万言书,即"公车上书"。1898年,康有为等人开始进行戊戌变法,变法失败后逃往日本,自称持有皇帝的衣带诏,组织保皇会,鼓吹开明专制,反对革命。辛亥革命后,作为保皇党领袖,他反对共和制,一直谋划溥仪复位。1917年,康有为和张勋发动复辟,拥立溥仪登基,不久即在当时北洋政府总理段祺瑞的讨伐下宣告失败。

在强学会和《时务报》的影响下,各地维新报刊纷纷创办,各地自主的局部性的维新试验也开始出现。尤其是湖南,在开明士绅的推动下,湖南新政在陈宝箴、黄遵宪等人的主持下顺利进行。在不长的时间里,湖南创办了自己的现代化学校,组织各种学会、社团,创办了一些具有明显近代特征的实业,并进行了一些行政体制方面的改革。

🔍 知识链接

梁启超,中国近代思想家、政治家、教育家、史学家、文学家,戊戌变法领袖之一,中国近代维新派、新法家代表人物。维新变法前,与康有为一起联合各省举人发动"公车上书"运动。此后,先后领导北京和上海的强学会,又与黄遵宪一起办《时务报》,任长沙时务学堂的主讲,并著《变法通议》为变法做宣传。戊戌变法失败后,与康有为一起流亡日本,政治思想上逐渐走向保守,但他是近代文学革命运动的理论倡导者。逃亡日本后,梁启超在《饮冰室合集》《夏威夷游记》中继续推广"诗界革命",批判以往那种诗中运用新名词以表新意的做法。在海外推动君主立宪。辛亥革命之后一度入袁世凯政府,担任司法总长;之后对袁世凯称帝、张勋复辟等严词抨击，并加入段祺瑞政府。他倡导新文化运动，支持五四运动。

1897年11月，德国两名传教士在山东被杀，德国以此为借口出兵强占胶州湾，要求清政府给予德国在山东半岛修筑铁路、开采矿产资源以及建立军事基地的特权。1898年3月，清政府同意了德国的要求。

德国在山东半岛的特权激起了西方列强在中国的竞争。1898年3月，清政府被迫同意将辽东半岛的一部分，包括大连、旅顺"租借"给俄国。5月，清政府被迫同意将海南岛附近广州湾沿岸"租借"给法国。与此同时，英国获得了九龙半岛的大部分，以及山东半岛威海卫。

胶州湾事件以及后来的一系列事件激起中国进步社会人士的极大愤慨，1898年4月，康有为、梁启超等人在京组织成立保国会，号召人们起来参加变法维新，以拯救中国免遭列强瓜分。保国会成立不久，在京相继成立保滇会、保浙会等类似的爱国组织，他们的宗旨都是为了保护本省和中国的领土完整以及发展民族经济。

知识链接

戊戌变法时期的政治团体——保国会，亦称强国会。1897年11月，德国强占胶州湾事起，瓜分危机严重，康有为"既上书求变法于上，复思开会振士气于下"，结合各省旅京人士立会，粤学会、蜀学会、闽学会、关学会先后成立。遂决再"成一大会，以伸国愤"。1898年4月12日，保国会在北京成立，并拟定《保国会章程》三十条。

在胶州湾事件的刺激以及爱国运动的影响下，年轻的光绪皇帝决心变法。在慈禧太后的默许下，1898年6月11日，光绪皇帝颁布"明定国

是"的谕旨,标志着维新变法运动正式开始。在此后的100多天里,光绪皇帝顶住守旧势力的压力,相继颁布了各种有关变法的上谕,其目的在于振兴中国,使中国变为强盛独立的近代国家。其中最主要的措施有:奖励促进中国工商业、农业发展的发明和科学发现,设立矿务、农业、工商业以及铁路总局等专门的管理机构;废止科举考试中的八股文考试,筹办京师大学堂,培养符合中国未来发展需要的人才;整顿军队,建设一支现代化的武装力量;精简官僚机构,建立一个高效、廉洁的行政体制。

知识链接

京师大学堂,是北京大学在1912年5月之前使用的旧名。作为戊戌变法的"新政"之一,学校创办于1898年7月3日,是中国近代第一所国立大学,其成立标志着中国近代国立高等教育的开端。京师大学堂是当时国家最高学府,最初也是国家最高教育行政机关,行使教育部职能,统管全国教育。《京师大学堂章程》中提到其办学方针是"中学为体,西学为用"。后历经"戊戌政变"、义和团运动、八国联军侵占北京等变故,京师大学堂屡遭摧残,以致停办。1912年5月4日,京师大学堂更名为北京大学。

在短短的一百天里,改革诏书如雪片般地飞往全国各地,如此急剧、激烈的变革,似乎已远远超出当时社会的实际承受力。特别是到了8月下旬以后,光绪皇帝在康有为等人的帮助下,开始试图改造政府机构。9月13日,光绪皇帝宣布他的决定,准备开懋勤殿以议制度,一些中央政府的衙门和几个督抚所管辖的地方衙门都将随之废除,政府部门的一些旧例也将随之删改。这势必引起旧官僚的激烈反对,于是一时间京城谣言四起,特别是关于康有为等包围颐和园、捕杀西太后的传言更是令人不安。9月21日,慈禧太后成功地发动政变,剥夺了光绪皇帝的权力,宣布由她重新当权"训政"。康有为、梁启超等被迫流亡海外,谭嗣同等六君子血洒菜市口,维新时代的举措除了京师大学堂得以保留外,其他方面的举措基本上被慈禧太后所废除。

知识链接

戊戌政变时,以慈禧太后为首的保守派大肆捕杀维新党人,维新志士谭嗣同、康广仁、林旭、杨深秀、杨锐、刘光第六人于1898年9月28日在北京惨遭杀害,史称"戊戌六君子"。

思考题:

1. 戊戌变法为什么最终走向失败?
2. 谈谈京师大学堂。

第三十四章
清末新政

> 清政府在内忧外患的形势下，实施了清末新政试图挽救危局，在政治、经济、军事、教育等方面都采取了哪些改革措施？又产生了何种影响？

慈禧太后发动的戊戌政变，在国内引起排外的新浪潮。就在慈禧太后下令处死六君子的第二天，京城出现了排外骚动，惊恐不安的驻华外交官员很快从华北各港口调来本国兵舰，这更加剧了中外之间的冲突。

事实上，在此之前很长一段时间，中国各地反对传教士的斗争越演越烈，至1899年，终于演化成规模宏大的义和团运动。由义和团运动又引发了八国联军的入侵，清政府被迫流亡西安。南方各省督抚则与英美等国达成"东南互保"协议，避免了南方遭受外国入侵。

知识链接

义和团运动是1900年在华北兴起的一场以"扶清灭洋"为宗旨的民众爱国运动，并一度得到清政府的支持。义和团成员成分复杂，盲目排外，组织松散，有浓厚的愚昧迷信色彩，大肆杀害在华的洋人，特别是外国传教士,并曾围攻外国在京使馆,后在中外势力绞杀下失败。

八国联军的入侵以及由此而签订的《辛丑条约》在清政府高层引起了极大的震动,统治层中荣禄等人认为,要保持政权的稳定,不做一定的让步和改革来缓解国内外各种势力对政府施政方针的不满,是肯定不行的。

知识链接

《辛丑条约》为清政府在1901年9月7日同英、美、法、德、俄、日、意、奥、西、荷、比11国公使在京签订的不平等条约。该条约规定清政府向11国赔偿4.5亿两白银,将北京东交民巷划为使馆区,由各国驻兵保护;拆除大沽口炮台及有碍京师至海通道之各炮台,各国可以在北京至山海关铁路沿线12处据点驻军;严惩排外官员,要求官员严厉镇压人民的反帝斗争;将总理衙门改为外务部。该条约的签订,给中国带来了巨大危害,中国完全成为半殖民地半封建社会。

1900年8月30日,清政府以光绪皇帝的名义发布诏书,重申改革的必要性,呼吁臣民向政府陈述自己的改革建议,以便废除弊政。1901年1月29日,清政府再以光绪皇帝的名义宣布实行新政,声称"举凡朝章国故,吏治民生,学校科举,军政财政"等,都应"参酌中西政要",或取诸人,或求诸己。4月,清政府创设政务处,搜集和审查各地官员报送来的改革建议,然后将改革草案和实行程序呈请政府批准,政务处实际上成了新政的指挥部。

清政府试图通过新政改革使已渐崩溃的国家机构有所强化和现代化,在一系列行政管理方面的改革中,第一个实际步骤是改组主管与外国交涉的国家机关,废除陈旧的总理衙门,责成组建欧洲式的外务部,裁减中央和地方机构,废除詹事府和通政司,清除各级官吏队伍中营私舞弊者,力图建立一个高效、廉洁的现代政府。为了尽快整顿国内秩序和确保安定,清政府建立了近代警察制度,1905年设立巡警部,第二年改组为内务部,并在各大城市组建警务机构。在法律方面,清廷委托一批法律专家对诉讼程序的中世纪法规进行了修订和改革,废止了那些野蛮、陈腐的审讯方式和特别残忍的刑讯;在司法体制上将大理院设为中央的最高审判机关,县、府、省各设置初级、地方及高等审判厅,实行四级三审制度。同时,还从1909年起在地方推行自治。

知识链接

清末新政的法律改革由沈家本、伍廷芳主导进行,从1902年起,曾制定并颁布了《奖励公司章程》《商会简明章程》《商标注册实办章程》《商人通例》《公司律》《破产律》《大清刑事民事诉讼法草案》《大清新刑律》《大清民律草案》等许多新式章程与法律,中国法律现代化进程由此真正起步。

在军事方面,清政府从1901年起下令裁减各地驻军中缺乏战斗力的部分,然后按照欧洲和日本的方式,重新组建新式军队体制,设立新式军事学堂。1904年,在中央政府内部设立练兵处,计划在未来的几年时间里训练新式陆军36镇。清政府的练兵由袁世凯实际负责,他在早年天津小站练兵的基础上,又于1905年练成6镇北洋军共6万余人,分为步兵、骑兵、工兵、炮兵等不同兵种,配备新式武器,后清政府又在各省推广新式练兵,成立多支新军,到1911年已练成16镇新军,已具现代军队的雏形。

知识链接

袁世凯(1859—1916),河南项城人,北洋军阀领袖。1882年随吴长庆部赴朝鲜平叛,后驻朝鲜。1894年回国后,参与甲午战争清军后勤事务。1895年在天津小站练兵。1899年由工部侍郎升为山东巡抚,率部镇压山东义和团。1901年任直隶总督,1903年兼任练兵处会办大臣,负责北洋新军训练,并在直隶大力推行新政改革。1907年回京任军机大臣。1909年初被清廷解职。1911年出任内阁总理大臣,次年逼清帝退位,出任中华民国临时大总统,1913就任正式大总统,1915年年底称帝,1916年6月去世。

在工商业方面,清政府在新政中注意考虑到对待中国民族工商业者的利益,推广奖励工商业者的办法,1903年组建商部,并在各省会城市和那些比较发达的城市成立工商厅局,制定出一系列有利于工商业发展的规章制度,如股份公司和商会章程等,鼓励民间资本向工商业方面流动。1904年,清政府颁布举办银行业务章程草案,第二年正式开办户部银行,1908年改称大清银行。

在教育方面,清政府于1901年命令各省设立小学、中学和大学三级学堂,鼓励和有计划地组织接受过新式教育的青年出国留学。1902年起修改省县考试内容,废除几十年来深遭人们痛恨的八股文考试制度。各地掀起了兴建新式学堂的热潮,到1904年已有4,222所学堂。在留学热中,留日学生尤多,1906年达到8000余人。1905年,清政府又宣布科举考试制度"无定期"地停办,新式教育体制完全取代了旧的教育模式。

知识链接

1905年,袁世凯、赵尔巽、张之洞等上奏清政府,请求停止科举,设立新式学堂。在此基础上,光绪帝在9月2日的上谕中明令废除科举,宣布自1906年开始,所有乡试、会试一律停止。这标志着在中国推行一千多年的科举制度正式结束。这一举措对广大读书人的前途产生了重大影响,同时也推动了各地兴办新式学堂的热潮。

思考题:

1. 清末新政有何具体举措?
2. 谈谈《辛丑条约》。

第三十五章
辛亥革命与清王朝的覆灭

> 清政府的新政改革效果不佳,立宪派、革命党人通过不同方式进行抗议或革命,那么他们具体是如何活动的?清政府又是如何被辛亥革命推翻的?

1901—1905年的新政虽然获得了巨大的进展,但对清政府自身来说,似乎已经为时过晚。尽管这一运动几乎无保留地承袭了戊戌年间的做法,但国内外形势的发展已使人们对清政府的诚意不能不表示怀疑。在国内,由于偿付列强的新赔款、补偿受损失的传教士,以及新政所引起的税额负担的急剧增加,人民不堪重负,在新政施行的那些年,各地抗捐抗税的起义连绵不断,几乎与新政相始终。在国外,由孙中山领导的革命力量在1901—1905年间也获得了空前的发展,建立了同盟会,确立了三民主义政治纲领,造就了一批职业革命家,并组织了一系列武装起义,与立宪派、保皇派展开了多次论战,不断瓦解清政府统治的政治基础。

知识链接

同盟会1905年8月在东京成立,孙中山被推举为总理,其在宣言中提出"驱除鞑虏,恢复中华,创立民国,平均地权"十六字纲领,后演变为

"民族、民权、民生"的三民主义。同盟会下设执行部、评议部、司法部,并将《民报》作为机关报,以东京为总部,在国内外设立多个支部,各省设有分会,开展革命反清活动,自1906年起在国内组织多次武装起义,1911年在上海成立了中国同盟会中部总会。武昌起义后,同盟会总部先迁上海,后迁南京,1912年在宋教仁组织下,同其他团体合并改组为国民党,但在同年被袁世凯下令强行解散。

革命运动的蓬勃发展,不能不影响清政府内部一些开明人物的立场,如张之洞、孙宝琦等人鉴于革命势力的发展,都建议慈禧太后作出必要的政治让步,以避免(至少延缓)革命的爆发,从而安抚国内的政治反对派。1905年7月,清政府根据袁世凯的建议,决定派遣五大臣赴东西洋各国考察宪政。11月,设立考察政治馆,负责研究国体方面的改革。1906年9月1日,清政府正式宣布"预备立宪",但原则是"大权统于朝廷,庶政公诸舆论",因此其预备立宪在当时被革命党方面普遍认为是一场骗局。

知识链接

1905年12月,戴鸿慈、端方及载泽、李盛铎、尚其亨五大臣分两批正式从北京出发,赴日本、美国、欧洲各国考察宪政。五大臣于1906年陆续回国,编译了大量有关欧美政治制度、宪法等介绍的书籍,写成考察报告及奏折,建议清廷实行立宪,认为有"皇位永固""外患减轻""内乱可弭"的好处,直接推动了清政府预备立宪国策的确定。

预备立宪运动没有唤起革命党方面的同情和支持,却唤醒了国内立宪党人的高度热情。1906年年底,张謇等在上海发起成立预备立宪公会,并很快成为自由资产阶级立宪运动的中心。江苏、浙江、福建、安徽、湖北、湖南以及广东等省的立宪党人很快凝聚在一起,以期形成对清政府尽快实行立宪的压力集团。在他们极富效率的组织下,国内的立宪党人于1907—1910年间发动了几次具有重大影响的国会请愿运动,要求缩短原先规定的预备立宪九年期限,迅速召开国会,成立责任内阁。1908年8月,清政府颁布了《钦定宪法大纲》,规定了皇帝的14条大权与臣民的9项权利和义务,实际是进一步强化了君主的权力,遭到了普遍的反对与非议。该大纲是既带有浓厚的封建色彩,又具有西方资产阶级民主色彩的宪法性文件,初步确立了君主立宪制的政治改革方向。同年11月,慈禧太后、光绪皇帝先后去世。年仅3岁的溥仪即位后,由隆裕太后与载沣摄政。在立宪党人的压力下,清政府于1909年在各省成立谘议局作为议事机构,1910年又成立了作为中央议政机关的资政院。后又在1910年11月被迫让步,宣布放弃先前的立宪预备年限,从9年改为6年,承诺先行成立责任内阁,于1913年开设议院。武昌起义爆发后,清政府又于1911年11月3日颁布《宪法重大信条十九条》,宣布实行责任内阁制,国会有权制定宪法,削弱了皇帝的权力,但仍未挽救其灭亡的命运。

知识链接

张謇(1853—1926),江苏常熟人,近代实业家,立宪派领袖。1876年入吴长庆军中任幕僚,1882年曾随军赴朝鲜,1894年高中状元,在甲午战争中积极主战,1899年在南通建成大生纱厂,1903年在南通创办通州师范学校,1905年参与创办复旦公学,并积极呼吁清政府实行立宪,1909年任江苏谘议局议长,1910年发起国会请愿运动。1912年任南京临时政府实业总长,后任北洋政府农商总长兼水利总长,1915年辞职后回南通专心实业、教育活动,1926年病逝。

然而满洲贵族无论如何也不会自动放弃自己的权力,1911年5月,清政府宣布废除军机处,实行责任内阁制,颁布了设立新内阁的命令。不过让立宪党人失望的是,在内阁13个大臣中,竟有8个是满人,而且有5个是亲王。这就使立宪党人极度失望。更令立宪党人失望的是,这届被称为"皇族内阁"的政府所出台的第一个经济政策,竟然是宣布铁路国有,并与四国银行团签订川汉、粤汉铁路借款合同,实际是将本已赎回自办的铁路筑路权又让与西方国家。这就不仅从政治上剥夺了立宪党人参与政治的权利,而且在经济上严重侵害了立宪党人、民族资产阶级,也打击了为修筑铁路交纳捐税或握有各种小的铁路股票的广大农民、手工业者。于是立宪党人、民族资产阶级很快从清政府的同情者、支持者一变成为反对者,他们在各地迅速掀起轰轰烈烈的保路运动,为清王朝的最终灭亡敲响了丧钟。

保路运动主要发生在各界参与集股兴建川汉、粤汉铁路的省份。湖北、湖南最先发生风潮,很快波及广东、四川等省份,尤以四川的运动最为激烈,并很快发展成由社会各个阶层参加的武装暴动。为了尽快平息四川的武装起义,清政府从湖北调集军队前往四川镇压,武昌由此成为清政府统治相对薄弱的地区。革命党人迅即利用这一机会,决定在武昌发动武装起义。

武昌起义原定1911年10月26日举行,不料10月9日发生的炸弹意外爆炸事件导致了起义提前举行。10月10日晚,武昌新军在革命党人的领导下发动起义,经过一番激烈的战斗很快占领总督衙门、警察署等重要地点。11日,驻汉口的新军发动起义,并迅速控制了汉口。12日,清政府在汉阳的权力机构也被推翻,中国最大的汉阳兵工厂未经战斗就转入起义者的手中。

军事上的迅速成功为新政权的建立提供了必要的前提,但革命党人并没有自主地建立自己的革命政权,而是邀请立宪党人和留在武昌三镇的汉族高级官员帮助他们,于是黎元洪出任湖北军政府都督,汤化龙为新政府的民政长。

> **知识链接**

黎元洪(1864—1928),湖北黄陂人,曾入天津北洋水师学堂学习,后加入北洋水师,参与了中日甲午海战,后投入张之洞麾下,转为陆军。1906年成为湖北新军第二十一混成协协统。因其地位与号召力,在武昌起义中被推为湖北军政府都督。1912年,先后任中华民国南京临时政府、袁世凯北洋政府的副总统。1916年,袁世凯去世后,出任总统,后被张勋驱逐下台。在1922—1923年间又曾短暂出任总统,1928年病逝于天津。

武昌起义的迅速胜利极大地鼓舞了各地的革命党人。在此后不到两个月的时间里,全国绝大多数的省份或通过起义建立了新政权,或由旧官僚的反正而脱离了与清政府的关系,清政府事实上已经被推翻。经过讨价还价之后,清朝在位的宣统帝溥仪,也是中国历史上最后一个皇帝,终于在1912年2月12日宣布退位,260余年的清朝历史终结,两千年之久的帝王专制体制也终于成为历史的陈迹。中国历史翻开了新的一页。

> **知识链接**

爱新觉罗·溥仪(1906—1967),1908年12月成为清朝末代皇帝,次年改年号为宣统。1912年2月退位后,仍在紫禁城生活。1917年7月张勋复辟时,短暂登基12天。1925年,移居天津。1934年,被日本扶持出任伪满洲国皇帝。1945年被苏军俘虏并被关押在苏联,1950年引渡回中国抚顺继续关押。1959年12月,被特赦出狱,1967年因病在北京去世,著有自传《我的前半生》。

思考题:

1. 预备立宪运动是怎么回事?
2. 请简述武昌起义的过程及影响。

第三十六章
中华民国的成立及其政权变化

> 武昌起义后,各省纷纷独立,中华民国应运而生,那么中华民国又是如何成立的?成立后其政权有何新变化?

各省独立运动之后,重新建立一个统一的中央政府很快成为独立各省面临的迫切问题。1911年11月7日,湖北军政府都督黎元洪就此问题向各地军政府征询意见,要求各省速派代表到武昌筹组临时政府。11月30日,各省代表在汉口英租界召开第一次会议,决议在临时政府未成立之前,由湖北军政府代行中央军政府之权。12月3日,会议通过《中华民国临时政府组织大纲》,决定了临时大总统、临时参议院、中央政府各部门的职权及产生办法。12月2日,南京为江浙联军攻克。在汉口的各省代表遂决议设临时政府于南京。

几乎与汉口各省代表会议召开同时,江浙方面的代表尤其是同盟会方面也在上海谋设新政府。他们担心一旦新的中央政府设在武昌,或许会对同盟会不利。于是当南京攻克之后,沪督陈其美等乘机鼓动在上海的各省代表于12月4日集会,公举黄兴为"假定大元帅",即以大元帅组织临时政府,又举黎元洪为副元帅,兼任鄂督,仍驻武昌。黄兴坚辞不就,以待孙中山回国。

知识链接

黄兴(1874—1916),湖南长沙人,中国近代民主革命家,1898年入武昌两湖书院就读,1902年赴日留学,在日积极从事革命活动。1903年,组织拒俄义勇队,成立华兴会,任会长;1905年,任同盟会庶务,1907年参与或指挥了多次反清起义,均告失败;1911年4月,组织广州的黄花岗起义,同年出任战时总司令指挥武昌起义。1912年就任南京临时政府陆军总长,次年参与反袁的二次革命,1915年参与反袁的护国战争,1916年在上海病逝。

1911年12月25日,孙中山从海外回到上海,他立即和同盟会的其他领导人讨论组建临时政府的问题。29日,在南京的17省45名代表公举孙中山为南京临时政府大总统。1912年元旦,孙中山在南京就职,宣告中华民国南京临时政府成立,定国号为中华民国,改用阳历。根据《中华民国临时政府组织大纲》规定,除了总统、副总统外,临时参议院为最高立法机关,并设有行政各部。1月3日,各省代表会选举黎元洪为中华民国副总统,并通过孙中山提出的中央行政设立各部及其权限案,委任中央各部部长及次长。11日,各省代表会决议以五色旗为中华民国国旗,其红黄蓝白黑五种颜色分别代表汉满蒙回藏五个民族,即所谓"五族共和"。

知识链接

孙中山(1866—1925),中国近代伟大的民主革命先行者,三民主义的缔造者,广东香山人。早年从医,1894年曾上书李鸿章建言改革,同年创办兴中会,组织发动反清起义;1905年出任同盟会总理,继续组织反清革命。1912年于南京出任中华民国临时大总统,后辞职又出任全国铁路督办;1913年,发动讨袁的二次革命,但失败;1914年,在东京组织中华革命党,进行反袁斗争;1917年在广州建立军政府,被推为海陆军大元帅,进行护法战争但未成功;1919年将中华革命党改组为中国国民党;1920年再次发起护法战争,克复广州;1921年在广州就任非常大总统,收复广西;1922年指挥北伐,出师江西未果,平定广东陈炯明叛乱;1923年在广州就任陆海军大元帅,改组国民党。1924年,带领国民党实行联俄、联共、扶助农工的三大政策,进行国共合作,创办黄埔学校。1925年3月,在北京病逝。

图1 孙中山

新成立的中华民国南京临时政府进行了一系列除旧布新的改革。如在立法上,颁布了相当于宪法的《中华民国临时约法》,废除刑讯,革除体罚,革除旧有官厅的"大人""老爷"称谓,通令政府官员皆"人民公仆";政府选用官员一律采取考试制度;提倡男女平等,禁止买卖华工与人口,废除"贱民"身份;严禁鸦片,禁止赌博、缠足,限期剪辫,废止跪拜,宗教信仰自由等;在经济上则鼓励民间兴办实业、减免厘金,保护工商业与私人财产等。

知识链接

《中华民国临时约法》1912年3月8日由临时参议院通过,3月12日正式实施,为中国第一部资产阶级宪法性文件。该法规定中华民国之主权属于国民全体,参议院、临时大总统、国务院、法院行使其统治权,在政治上实行三权分立的责任内阁制,限制了总统的权力;规定人民享有言论、著作、集会、考试、选举等各种权利,并有纳税、服兵役之义务。

南京临时政府的成立,标志着中国资产阶级领导的民主主义革命的胜利,这是中国历史上的大事,它不仅结束了清朝260余年的统治,同时也结束了两千多年来的帝王专制体制,中国历史由此掀开新的一页。但南京临时政府仅仅存在3个月,后随着袁世凯在北京就任临时大总统而在1912年4月初结束其使命。

思考题:

1. 南京临时政府是如何成立的?
2. 谈谈孙中山。

第三十七章
民国初年的教育改革

> 中华民国成立后,对传统的旧式教育进行了一系列的改革,那么这些改革是如何开展的? 新式教育有何表现?

中华民国南京临时政府成立之后,在各个方面都呈现出新的气象,特别是其与之后的北洋政府在教育方面的改革,更是影响深远,意义重大。

1912年1月,南京临时政府任命著名教育家蔡元培为教育总长,由他执掌教育部统筹全国教育事业。教育部成立之初,早在1月份颁布《普通教育暂行办法通令》十四条,按照新式教育的模式对中国旧的教育体制进行根本性改造,从前各种学堂一律改成学校,所有学校使用的教科书凡违背共和宗旨、尊崇满清朝廷及旧时官制、军制的一律禁用,由各书局自行修改,呈送样本由教育部及各省民政司、教育总会存查,并规定旧式毕业生奖励出身一律废止,提出小学手工科应加注意,中学不必实行分科教育。蔡元培在1912年2月发表的《对于新教育之意见》中,批判了清政府"尊孔""忠君"的教育宗旨,提出民国教育的总方针为军国民教育、实利主义教育、公民道德教育、世界观教育、美感教育五个方面。根据这些原则,蔡元培在民国之初极端困难的条件下,以"自由、平等、博爱"为宗旨,采取了一些必要的措施,改进教育制度,革新教育内容,为民国时期的教育发展奠定了基础。

知识链接

蔡元培(1868—1940),著名教育家、政治家,浙江绍兴人。1892年中进士,1894年任翰林院编修,1898年出任绍兴中西学堂监督,1902年参与创办中国教育会并任会长,1904年创办光复会,从事革命活动,次年加入同盟会,1912年相继出任南京临时政府、北洋政府的教育总长,1916年年底担任北京大学校长,1920年参与在北京创办中法大学,1927年任南京国民政府大学院院长,后任中央研究院院长,1932年参与发起中国民权保障同盟,任副主席,积极从事抗日救亡运动,1940年病逝于香港。

图2 蔡元培

南京临时政府教育部1912年1月为各级各类学校制定并颁布了《普通教育暂行课程标准》,其中规定小学读经一科一律废止,初等小学的科目为修身、国文、算术、游戏、体操等;师范学校的科目为修身、教育、国文、外国语、历史、地理、数学、博物、理化、法制、经济、习字、图画、手工、音乐、体操等,并规定了各科目每周的教学时数。女子增加家政及裁缝,个别地方还可因地制宜增加合乎本地实际需要的诸如农、工、商等科目。总之,教育应该与社会发展的实际需要相结合。在内部机构上,1912年3月颁布的《民国教育部官职令》则规定教育部设普通、专门、实业、社会、礼教、蒙藏六个司。

在高等教育方面,南京临时政府教育部要求各高等院校必须参照共和国的原则,对旧的教育内容进行根本改造,旧时代的教科书凡有碍民国精神及非各学校应授之科目,都应一律废止,并且要求高等以上学校一律禁止读《大清会典》《大清律例》《皇朝掌故》等书。3月5日,教育部还通告各省速令高等学校、专门学校开学,以维持正常的教育秩序。

对于女子教育,南京临时政府教育部也曾给予高度重视,在教育部公布的暂行办法中,明确规定小学可以男女同校,并鼓励和支持各地创办不同形式诸如看护、师范、法政类女校,尽最大可能地增加女子的入学率。

北洋政府成立后,蔡元培继续出任教育总长,继续推行新教育,直到1912年7月因不满袁世凯统治而主动辞职。北洋政府教育部在学制方面进行改革,于1912年9月颁布《学校系统令》,也称为"壬子学制"。次年教育部继续完善相关学校法令,形成了"壬子癸丑"学制。这个学制在纵向上将整个教育期限分为小学二级,中学、大学各一级,共17—18年,在横向上则分为普通教育、师范教育及实业教育三种,并规定可设立各级女校。在小学之前还有蒙养院,大学之上有大学院,且不设年限,已接近现代西方教育的学制。北洋政府教育部在1912年还制定了《小学校令》《中学校令》《专门学校令》《大学令》《师范教育令》,次年又颁布《实业学校令》等,对各类学校的目的、任务及课程设置等办学方法进行了详细的规定,为这些学校的办学指明了方向。此外,教育部还批准新办了一些工业、法律、商业专门学校和蒙回藏师范学校。

知识链接

1912年7—8月,第一次全国临时教育会议召开,对学校法令、教育方针等各种教育政策问题进行了讨论。根据会议达成的共识,1912年9月2日,北洋政府教育部正式颁布新教育宗旨:"注重道德教育,以实利教育、军国民教育辅之,更以美感教育完成其道德。"这体现了资产阶级的德、智、体、美四大教育理念,与蔡元培提倡的主张保持一致。

在南京临时政府教育部以及后来的北洋政府教育部的指导下，民国初年的教育事业获得了很大的发展，据不完全统计，1912年全国学校总数达到8.7万多所，各级各类学校在校学生总数接近300万人，其中高等学校达到122所。

➡ **思考题：**
1. 民国初年的教育改革有何具体措施？
2. 谈谈蔡元培。

第三十八章
五四新文化运动

> 民国初期,面对北洋政府在文化上的复古,一批知识分子发起了新文化运动,那么该运动有何表现?它与1919年发生的五四运动又有何关系?

1911年的辛亥革命是一场具有全国规模的资产阶级民主主义革命,但由于中国帝王专制的历史太长,加之这次革命来得太快,而社会经济基础并没有因这次革命发生根本的变化,所以民国成立之后不久,除了中华民国这幅招牌外,似乎一切都归复到旧有的秩序。特别是1912年3月,袁世凯接替孙中山出任中华民国临时大总统,继而任正式大总统之后,先是在思想文化领域提倡旧道德和旧文化,掀起尊孔复古的逆流,继则在政治上又出现1916年袁世凯称帝、1917年张勋复辟两次帝制复辟的短暂闹剧。在外交领域,日本帝国主义对中国步步紧逼,甚至公然在1915年提出足以毁灭中国的"二十一条"。

知识链接

"二十一条"是日本在1915年1月向北洋袁世凯政府提出的秘密条款,后经交涉,在1915年5月9日正式签署《中日民四条约》。该条约落实了"二十一条"的大部分条款,规定将德国在山东的权益转让给日本,汉冶萍公司改为中日合办,中央政府聘用日本人充当政治、经济、军事顾问,日本人在南满、内蒙古东部有居住、经商、开矿等特权,要求所有中国沿岸港湾及岛屿,一概不让与或租与他国。该条约对中国的政治、经济造成严重损害,也被称为"五九国耻"。

在反对日本侵略的爱国运动和反对帝制复辟的斗争中,新一代的青年知识分子脱颖而出,充当争取民族独立、政治民主的先锋。其杰出的代表人物有李大钊、陈独秀、胡适、钱玄同、吴虞、蔡元培以及鲁迅等。

知识链接

李大钊(1889—1927),河北乐亭人,伟大的马克思主义者,中国共产党主要创始人之一。1907年入天津北洋法政专门学校学习,1913年赴日本早稻田大学学习。1916年回国后,任北京大学图书馆主任,积极投身新文化运动,参与编辑《新青年》;1919年与胡适展开了"问题与主义"之争,并参与领导了五四运动;1920年在北京大学组织中国第一个马克思学说研究会;同年在北京参与建立了共产主义小组;1921年中国共产党成立后,曾任第二、三、四届中央委员会,参与指导中国共产党在北方的工作;1924年参与第一次国共合作,曾任国民党第一届中央执委。1927年4月,被张作霖在北京逮捕并杀害。

1915年9月,陈独秀在上海创办《青年》杂志,从1916年秋季开始更名为《新青年》,这标志着新一代知识分子正式登上历史舞台,也标志着新文化运动的正式开始。《新青年》的主要内容是争取科学与民主,即以现代自然科学反对无知、迷信和神秘主义,争取民权和民主自由以反对专制独裁,提倡资产阶级启蒙思想,主张实行资产阶级民主政治,反对一切封建旧道德和儒家旧文化;主张个性自由和个人发展,反对封建礼教;推行文学革命,发起白话文运动。到新文化运动后期,传播马克思主义成为运动的主流。李大钊在1917年后发表大量介绍俄国十月革命与马克思主义的文章,《每周评论》《星期评论》《湘江评论》也刊发了大量宣传马克思主义的文章。

知识链接

陈独秀(1879—1942),安徽怀宁人,新文化运动主要倡导者之一,中国共产党的主要创始人之一。1897年入杭州求是学院学习,1901年赴日本东京学习,1905年组织岳王会进行反清活动,1909年赴浙江陆军学堂任教,1913年参加反袁的"二次革命",1916年任北京大学文科学长,1918年底,与李大钊等创办《每周评论》并任主编,1920年在上海创办共产主义小组,1921年中共"一大"上被选为中央局书记,后又出任第四、五届中央委员会总书记,1927年被罢免总书记后,投身中国"托派"的活动,1932年被国民党逮捕,1937年8月出狱,参与抗日救亡运动,1942年在四川病逝。

新文化运动唤醒了中国新一代年轻知识分子,因此当1919年初中国在巴黎和会即将失败、日本将取代德国在山东的权益的消息传来之后,新一代年轻知识分子迅速行动起来,掀起了规模宏大、震惊中外的五四爱国运动,将新文化运动推向高潮。1919年5月4日,北京爆发了学生示威游行,提出"外争国权,内除国贼"的口号,并发生了著名的"火烧赵家楼"事件,随后天津、上海、广州等地的学生纷纷游行响应。6月3日,上海爆发了有数十万工人参加的大罢工和游行支持学生运动,并于6月6日成立上海各界联合会,五四运动中心由北京转向上海。至此,五四运动便不只是一个青年学生的运动,而是包括中国社会各阶级、各阶层共同参加的爱国运动,并成为新文化运动的一个重要组成部分。在各方的压力下,中国代表团在 6 月 28 日最终拒签《巴黎和约》。

图 3　五四运动中的青年学生

五四新文化运动作为在中国思想文化领域的启蒙运动,具有深远的历史意义,沉重打击了传统的封建旧文化,推动了民众在思想上的解放,并普及了新文化,特别是它为 1921 年中国共产党的成立在组织上、思想上做了充分的准备,是中国新民主主义革命的开端。

➡ 思考题:

1. 五四新文化运动有何具体贡献?
2. 谈谈李大钊。

第三十九章
第一次世界大战与中国民族资本主义的发展

> 第一次世界大战爆发后,中国民族资本主义迎来了"黄金时期",是何原因?在经济发展上,中国民族资本主义有哪些突出的领域?

辛亥革命尽管半途而废,具有明显的不彻底性,但辛亥革命毕竟在制度上为中国民族资本主义的发展创造了远比清朝更有利的条件。特别是1914年第一次世界大战爆发,更为中国民族资本主义的大发展提供了一次难得的机遇。

由于战争的进行,西方列强暂时放松了对中国经济的扩张与掠夺,中国进口的外国商品明显减少,1913年进口总额5.7亿两白银,到1915年已减少到4.5亿两,对外贸易的逆差显著缩小。过去严重依赖从西方国家进口的某些工业品由于得不到充分的供应,中国市场上的商品供不应求,国内市场的需求为民族工业的发展提供了最可靠的保障。同时,由于西方主要国家忙于战争,其国内的商品供求也无法获得充分的满足,这在某种程度上也为中国的某些轻工业商品进入世界市场提供了客观条件。中国出口货物的数量和机会不断增加,进而促成了中国民族工业的加速发展。例如,1900年中国只有两家面粉工厂,而1916年,增加到67家,至1918年第一次世界大战结束时,竟达到86家之多,1921年更是增加到123家。由于世界市场对面粉需求的增加,中国由面粉入超国变为出超国。1914年的面粉进口量超过出口量203万担,而1915年的情况则刚好相反,出口量超过进口量3.7万多担,1918年达到200.7万多担。

知识链接

荣宗敬、荣德生两兄弟创办的荣氏企业以面粉业起家,借助一战爆发得到飞速发展,其下属的福新粉厂、茂新粉厂不断扩张,逐渐在全国市场取得主导地位,被称为"面粉大王"。1915年,荣氏兄弟还涉足纺织业,创办申新纱厂,后不断扩展建厂。到1922年,荣氏企业已拥有12家面粉厂、4家纱厂。此外,1913—1920年,民族资本家设立47家面粉厂,由此可见当时面粉业的发达程度。

再以轻工业为例。1913—1920年,中国民族资本在23个轻工业部门中建成675个企业,其中,纺织工业的发展速度最快,这显然与战争期间棉纱进口量的减少有关。1914—1922年,中国新设纱厂49家、布厂5家,布机由最初的2,300台增加到6,760台。烟草、火柴、染料等轻工业部门都是类似的情况。如外国火柴的进口量大幅减少,特别是受到抵制日货运动的影响,日本火柴的进口量下降得最多,同时兴建了一批中国火柴厂。全国民办的火柴厂从1913年的52家、资本额294万元,到1921年增长到129家、资本额746万元。有"中国火柴大王"之称的刘鸿生,于1920年在苏州创办鸿生火柴厂,后发展成最大的民族资本火柴企业。在机器制造业方面,上海的民办机器工厂从1913年的91家,增长到1920年的222家。此外,因战时西方国家对钨、锑矿需求的增加,中国在这一时期的出口量迅猛增加。

> **知识链接**
>
> 中国的卷烟业也在一战期间得到快速发展,尤以简照南、简玉阶兄弟在香港创办的广东南洋兄弟烟草公司最为著名。1916年,该公司在上海设立分厂,每年盈利达到百余万元,1918年该企业改为股份公司,并改上海为总厂,香港为分厂。到1919年进行招股扩大,并在上海、香港两地建成5个厂,工人达万余人。同时,该公司还在武汉、广州、北京设立分公司,在各省设立代销处,还在山东、河南等地设立烤烟厂,迅速发展成最大的中国烟草公司。

在现代工业企业方面,企业数量由1913年的698家,增长到1920年的1,759家。1914年在中国新注册的企业投资额为6,200万元,1920年已增加到1.55亿万元。1914年,有50万元资本的企业只占企业总数的4%,到1920年已经达到14%。中国的银行资本和银行总数,受国内经济繁荣及北洋政府发行公债的影响,在这一时期也有很大的发展。1912年,中国有7家银行,资本总额为7,500万元。1913—1920年,另行成立了43家银行,资本总额为1亿多万元,而其中商业银行又成为金融业发展的主流。

> **知识链接**
>
> 北洋政府时期形成了"北四行"和"南三行"两大著名金融集团的格局。北四行由盐业银行、金城银行、大陆银行和中南银行等位于北方的四大银行组成;南三行则由浙江兴业银行、浙江实业银行和上海商业储蓄银行等三家位于南方的银行组成。

不过,在第一次世界大战期间,所谓民族工业的发展,主要是指轻工业方面,特别是棉纺织业、火柴业、面粉业、卷烟业发展迅猛,但也面临着盲目扩张、不重视资本积累、经营管理不善、科技含量较低等问题。而工业的其他门类,尤其是交通、制造、矿产开采、钢铁冶炼等重工业方面在这一时期并不发达,中国经济并没有从根本上摆脱对外国资本和技术的依赖。特别是一战结束后,西方列强卷土重来,不断在华进行经济扩张,又对民族资本主义的发展造成了严重影响,尤以面粉业、棉纺织业受到的冲击最大。

➡ **思考题:**

1. 一战期间中国经济有何发展?
2. 谈谈荣氏兄弟。

第四十章
北伐战争及南京国民政府的成立

知识链接

1926年,面对北洋军阀混战的局面,国民党发起了北伐战争,并最终取得胜利,成立了南京国民政府。那么在北伐战争的过程中,南京国民政府经历了何种困难与波折?其内部又是如何组织的?

北伐战争的胜利进军和工农运动的蓬勃发展,极大地动摇了帝国主义在中国的统治基础。为了维护自己的在华利益,帝国主义国家开始对中国革命进行蓄意破坏。1926年9月,当北伐军兵临武昌时,英国预感到它在长江流域的势力范围必将受到威胁,于是公然援助吴佩孚,并派军舰驶入珠江,占领码头,逮捕工人纠察队,截获民船,进行武装挑衅,袭击北伐军后方,与北伐军为敌。9月5日,英国以川军扣留英国轮船为由,调军舰炮轰万县县城,蓄意制造"万县惨案"。1927年初,当北伐军沿江东下,分兵直逼上海时,英美法日等国纷纷增兵来华,3月24日,北伐军占领南京,英美等国借口保护侨民和领事馆,下令停泊在下关江面上的军舰向南京市区狂轰滥炸,杀伤中国军民数千人,史称"南京惨案"。

🔍 **知识链接**

北伐战争为1926—1928年国民党领导进行的统一战争。1926年7月，由蒋介石任总司令的国民革命军由广东起兵开始北伐，首先进攻湖南，后进入湖北作战，击败军阀吴佩孚主力，之后攻取江西、福建，击溃军阀孙传芳主力，1927年又占领安徽、浙江、江苏，攻克上海及南京。南京国民政府成立后，宁汉两方又各自北伐，进攻河南、江苏、山东等地军阀。1928年4月，蒋介石继续领导北伐，攻克河北、河南、山东等地。同年5月3日，日本为阻止北伐军进入济南，制造了"五三"惨案。同年6月，北伐军攻入北京，北洋政府宣告结束，南京国民政府宣布北伐告成。

帝国主义在武力破坏中国革命的同时，还采取种种手段分化革命阵营，寻找新的在华利益代理人。1926年年底，英国政府提出所谓"对华新政策"，声称承认中国关税自主权。1927年1月27日，美国政府发表对华政策声明，声称准备尽早放弃在华关税控制和治外法权，但又同时宣布美国海军将继续留在中国水域，一旦中国政府不能有效地保护美国侨民的生命财产，美国政府有权动用海军保护侨民。日本政府的对华政策是怂恿蒋介石反对中国共产党，认为实行这种怀柔政策比进行露骨的武力干涉更有效。

在帝国主义的威胁利诱下，蒋介石加紧同国内外反共势力进行勾结。1926年年底，他明确宣示实行对美友好的政策，要求美国给予援助，并派员赴日活动，以争取日本的支持。与此同时，蒋介石与奉系军阀之间的信使往来也日趋频繁，奉系方面不断向蒋介石方面暗示：一旦蒋介石对中国共产党进行彻底的镇压，南北之间就有可能不战而和，按照蒋介石的期待用三民主义和平统一中国。

有了国内外反共势力的公开支持,蒋介石开始公开限制和镇压工农运动,积极进行所谓"反共清党"活动,布置政变。1927年4月2日,在上海召开的所谓中央监察委员会会议通过了吴稚晖提出的所谓弹劾共产党的呈文,为发动反共政变提供了法理上的依据。

面对蒋介石制造的一系列反共事件,中国共产党的领导人陈独秀被迫遵照共产国际的指示一味妥协退让,甚至于4月5日与汪精卫发表联合宣言,称赞蒋介石绝无驱逐友党摧残工会之事,要求中共各级组织领导人和群众不要听信任何谣言,期望国共两党继续开诚合作,如兄弟般亲密。这个宣言在思想上解除了中共的武装,实际上促成了蒋介石后来发动的反共政变。

知识链接

汪精卫(1883—1944),浙江山阴人,1903年赴日留学,1905年加入同盟会,1907年赴南洋从事革命活动,1910年在北京刺杀摄政王载沣未果。1912年赴法留学,1917年参加护法战争,1921年任广东教育会会长,后参与国民党改组工作,1924年任国民党中央宣传部部长,1925年出任广州国民政府常务委员会主席,1927年出任武汉国民政府主席,宁汉合流后下野。1930年联合冯玉祥等反蒋,并在次年另立广州国民政府。1932年与蒋介石合作,出任国民政府行政院院长,1938年出任国民党副总裁,同年12月公开投降日本。1940年出任南京伪国民政府主席,1944年在日本病逝。

蒋介石并没有听从汪精卫、陈独秀的劝告放弃反共的准备。4月6日,蒋介石发布命令,要求一切武装纠察队和工会,必须无条件地接受他的总司令部的领导,置于总司令部的管辖之下,否则以违法叛变论处。8日,蒋介石指使吴稚晖、陈果夫组织成立上海市临时政治委员会,取代原

有的上海市政府,规定该委员会以会议方式行使上海市一切军事、政治、财政之权,并指导当地党务。9日,蒋介石成立"淞沪戒严司令部",发布禁止罢工、集会和游行的戒严条例。当一切都安排妥当之后,蒋介石于11日发布密令,要求"已克复的各省一致实行清党"。当日下午,驻沪军队与上海公界联合会人员布防上海街头。是日夜,帝国主义军队越过租界拘捕共产党人及工人群众千余人,送交设在龙华的蒋介石司令部。12日晨,大批冒充工人纠察队的青洪帮流氓在整个上海市区向工人纠察队发动全面进攻,双方发生激战。后由蒋介石的军队借口调解工人内讧为由,用武力和欺骗的手段强行收缴工人纠察队的武器,占领上海总工会。

为抗议蒋介石的暴行,上海总工会于12日晚发布总同盟罢工的命令,13日,数十万工人举行罢工游行和集会,但遭到蒋介石军队的残酷镇压。据统计,在政变之后的三日内,至少有300多人被杀,500多人被捕,近6000人失踪。

继上海政变之后,国民党右派在广东、江苏、浙江、福建、四川、江西、广西等省也相继进行了反共清党和屠杀。在北方,奉系军阀张作霖也与蒋介石密切配合,逮捕著名的共产党人李大钊和苏联外交人员,中国革命陷入低潮。

"四·一二"政变后,蒋介石立即重组国民党中央和国民政府。4月18日,南京国民政府正式成立,胡汉民为主席,蒋介石、吴稚晖等12人为常务委员会委员,实权操纵在蒋介石手中。南京国民政府采用会议制,以钮永建为国民政府秘书长,下设民政部、外交部、财政部、司法部、大学院等机构。5月2日,国民党中央政府会议通过《国民革命军组织大纲》,规定由南京国民政府派民政、财政、交通、外交等部人员组织"战时政务委员会",接受国民革命军总司令蒋介石的指挥,负责处理作战区内政务等事宜。1928年2月,国民党二届四中全会通过《改组国民政府案》,规定国民政府的任务是受中国国民党中央执行委员会的指导及监督,掌理全国政务。根据《修正中华民国国民政府组织法》，国民政府由中央执行委员会推举委员若干人组成，并推其中5—7人为常务委员，于常务委员会中推定1人为主席。内设内政、外交、财政、交通、司法、农矿、工商等部，并设最高法院、检察院、大学院、法制局、建设委员会、军事委员会、蒙藏委员会、侨务委员会等。根据《国民政府军事委员会组织大纲》和《国民革命军总司令部组织大纲》，军事委员会为国民政府军政最高机关，掌管全国海陆空军，负编制、教育、经理、卫生及充实国防之责。总司令兼军事委员会主席，对中央执行委员会和国民政府负责，凡属国民革命军的陆海空军，均归其节制指挥。此次会议推举谭延闿为国民政府主席，选举蒋介石为国民革命军总司令兼任军事委员会主席。从这些规定看，南京国民政府政治体制的基本特征，是高度集权的专制体制。

知识链接

蒋介石(1887—1975)，浙江奉化人，曾两次赴日本留学。早年追随孙中山参与革命活动，1924年担任黄埔军校校长，1926年率军北伐，1927年4月组成南京国民政府，次年10月就任国民政府主席，1931年出任军事委员会委员长，先后对中共根据地发动五次围剿，在1936年西安事变中被短暂扣留。1937年抗战全面爆发后，领导国民党正面战场进行抗战，1939年任国防最高委员会委员长，1943年再任国民政府主席，并出席开罗会议。抗战胜利后，撕毁双十协定，发动内战。1948年当选为总统，1949年在内战中败退台湾，1975年病逝。

在南京国民政府成立的同时，1927年3月组成的武汉国民政府同样在运转，实际上形成了宁汉分裂的局面。1927年7月15日，汪精卫在武汉发动"七一五"反革命政变，大肆反共，第一次国共合作正式破裂。1927年9月，武汉国民政府迁往南京，国民党内部完成统一，史称"宁汉合流"。

1928年12月,张学良宣布东北易帜,服从国民政府领导,北伐成功,南京国民政府在形式上完成了统一。

▶ 思考题:

1. 蒋介石在1927年是如何反共的?
2. 南京国民政府内部是如何组织的?

第四十一章
近代科学研究事业的发展

> 中国近代的科学研究事业,在西方文明的强烈冲击下,发生了哪些新变化?取得了哪些成就?特别是中央研究院又是如何成立的?

中国古代文化在科学技术方面曾经作出过巨大的贡献,但严格意义上的科学研究事业则是近代以后的事情,是西方文化刺激下的产物。早在明末清初的时候,西方传教士就将西方中世纪的一些科学文化成果传进中国,不幸的是,这种西方文化除了获得个别知识分子如徐光启等人赞赏外,并没有在中国生根。在清朝鼎盛时期,西方一些传教士也曾在中国传播过西方科学,有些传教士也曾利用自己的知识参加过清政府组织的一些大型科学活动,如《康熙永年历》的制定、《皇览全舆图》的绘制等,但这些都很难算得上近代意义上的科学研究事业。

称得上近代意义上的科学研究事业的是在洋务运动中成立的一些学术机构,如上海江南机器制造局翻译馆等,不仅集中了一批近代科学造诣颇深的科学家,而且集中翻译出版了几十种西方科学著作,如李善兰翻译的《几何原本》《代数学》《代微积拾级》,徐寿翻译的《化学鉴原》《化学考质》,华蘅芳翻译的《代数术》《微积溯源》《决疑数学》等,在一定程度上促进了中国近代科学的进步和发展,开阔了国人的眼界。此外,北京同文馆译书处、上海广学会也翻译出版了许多西方科学著作。

> **知识链接**

晚清时期为西学东渐的高峰期，据《中国科学技术史稿》记载，1853—1911 年，中国共翻译西方科技著作 468 部，其中总论和杂著 44 部、天文气象 12 部、数学 164 部、理化 98 部、博物 92 部、地理 58 部。值得注意的是，这些书籍的译者不仅有中国人，而且还有许多在华的传教士。

戊戌维新运动之后，西学成了当时最时髦的学问，留学也成为新一代知识分子重要的出路。这些留学东西洋的青年学子，除了注意自身的科学研究之外，更具有一种团体精神，更注意科学研究机构的组织与管理。1907 年，留学欧洲的李景镐、曹志在巴黎成立中国化学会欧洲支部，这应该是到目前为止所知成立最早的中国科学团体。1909 年，张相文等在天津发起成立专业的地理学术团体——中国地学会，次年出版《地学杂志》。值得一提的是，留美归国的著名铁路专家詹天佑在 1905 年主持了京张铁路的修建。1909 年该铁路建成通车，成为中国人自行设计的第一条铁路。著名飞行设计师冯如于 1908 年在美国研发飞机并试飞成功，1911 年在广州成立了广东飞行器公司。

> **知识链接**

詹天佑(1861—1919)，广东南海人，近代著名铁路工程专家，被誉为"中国铁路之父""中国近代工程之父"。1872 年赴美留学，1881 年从耶鲁大学毕业后回国，在福州船政学堂学习，后任教习。1884 年赴广东博学馆任教，1888 年到天津的中国铁路工程公司任工程师，1895 年任北洋铁路局工程师，率队修建津卢铁路、新易铁路。1905 年主持修建京张铁路，后参与修建川汉、粤汉铁路。1913 年任交通部技监，同年出任中华工程师会会长,1914年任汉粤川铁路督办,1917年任交通部铁路技术委员会会长,1919年病逝。

中华民国成立后,中国科学家按照不同的专业相继成立了不少专门性的研究机构,如中国科学社、中国工程师学会、中国工程学会、中国化学会、物理学会、生物学会、植物学会及地质研究所,等等。1914年6月,留学美国的任鸿隽、胡适、赵元任、杨铨、周仁、胡明复、秉志、章元善等在美国发起成立中国科学社,并集资出版《科学》月刊。这是中国第一家自然科学刊物,对后来中国科学研究事业的发展起到过重要的作用。中国科学社于1918年迁回国内,先落脚上海,后迁至南京。会员不断扩充,除了继续出版《科学》月刊外,还先后创办了《科学画报》《论文专刊》《科学丛书》《科学译丛》等刊物,并开展科学活动,推动了中国科学的进步。1922年,中国科学社成立生物研究所,这是中国民间学术团体创办的第一个研究所。

北洋政府教育部在1912年设立了中央观象台,这是官方的天文机构。1916年,农商部成立地质调查所,标志着民国时期政府组织有计划的科学研究的开始。

知识链接

中央观象台于1912年底在北京成立,高鲁为首任台长。最初只设历书一科,主要负责每年历书的编纂,推广使用公历。1913年设立气象科,开始气象观测,并在1916年正式发布天气预报。1921年又成立天文、磁力二科。该台主办《气象月刊》,后将其扩充为《气象丛报》。高鲁等于1922年还在北京发起成立中国天文学会。南京国民政府成立后,于1928年将中央观象台改为国立天文陈列馆与北平气象测候所。

1924年冬,孙中山有意创设中央学术院,曾委托汪精卫、杨铨草拟方案,后因故未果。南京国民政府成立后,1927年5月,国民党中央政治会议第90次会议决议设立中央研究院筹备处,由蔡元培、李石曾、张人杰等人负责。7月,国民政府公布中华民国大学院组织条例,规定大学院之下设立中央研究院。10月,大学院下属的中央研究院正式成立筹备委员会。11月,筹备委员会通过中央研究院组织条例,确定中央研究院为全国最高科学研究机构,并议决下设理化实业研究所、地质研究所、观象台及社会科学研究所等。大学院院长蔡元培兼任中央研究院院长。

1928年,中央研究院脱离与大学院的隶属关系,改为国立研究院。国民政府颁布《修正国立中央研究院组织条例》,同年4月继续聘任蔡元培为院长。研究机构的设置也有所调整,原先成立的理化实业研究所改组为物理、化学、工程三个研究所,观象台改为天文、气象两个研究所,另有地质、历史语言、教育、心理、社会科学、动物及植物等12个研究所及博物馆。中央研究院还设立院评议会,作为全国最高学术评议机关,负责联络国内各研究机构,讨论重要科研问题,组织中外学术交流与合作。1928年6月,中央研究院在南京正式成立。

中央研究院成立后,在蔡元培的主持下,多方网罗人才,并根据需要与可能适时增设新的研究所,广泛联系国内各研究机构和大学,努力加强与国外的学术交流,推动中国科学研究事业健康、稳步地发展,提高了中国在国际科学界的地位。此外,北平研究院也于1929年成立,下设物理、化学、生物、动物、植物、地质等6个研究所,成为北方的科学研究重镇。

思考题:

1. 中国科学社有何具体活动?
2. 中央研究院的组织机构是如何设置的?

第四十二章
废除不平等条约运动

> 面对清政府遗留下来的大量不平等条约,北洋政府与南京国民政府虽然表示承认,但也在努力与外国交涉,试图进行修订或废除,它们与苏联、英美等国是如何交涉的?改订新约运动取得了哪些成绩?

1917年俄国十月社会主义革命胜利之后,列宁领导的苏维埃政府实行社会主义的外交政策,于1919年7月25日郑重发表《俄罗斯苏维埃联邦社会主义共和国对中国人民和中国南北政府宣言》,宣布废除沙皇俄国与中国签订的一切不平等条约;放弃俄国在中国攫取的东北及其他地区;放弃庚子赔款中的俄国部分;放弃俄国在中国的领事裁判权等一切特权;完全无条件地把中东铁路交还给中国;建议两国建立正式的外交关系。

苏俄政府的对华宣言体现了列宁领导的社会主义国家对半殖民地中国的基本政策,得到了中国人民的热烈欢迎和赞许,但是此时的北洋政府正在段祺瑞的主导下追随西方列强对俄国进行干涉,因此段祺瑞政府自然对苏俄政府的友好态度置之不理,中国丧失了与苏俄就沙皇俄国时代对华侵略问题进行坦诚对话的一次绝好机会。

🔍 **知识链接**

段祺瑞(1865—1936),安徽合肥人,皖系军阀首领。1885年考入北洋武备学堂,1889年赴德国留学,1896年加入袁世凯统率的北洋新建陆军,1899年参与镇压山东义和团,1907年任汉军副都统,督办陆军各学堂,1912年初率军逼清廷退位,任陆军总长,次年一度代理国务总理。1915年反对袁世凯称帝,1916年任参谋总长,同年任国务总理,力主对德宣战,引发与总统黎元洪的"府院之争"。1917年组织"讨逆军"挫败张勋复辟,后实际上控制北洋政府,1920年在直皖战争中兵败辞职,1924年出任中华民国临时执政,1926年制造了镇压学生的"三一八"惨案,同年再次下台,后赴天津居住。1936年在上海去世。

1920年年初,中俄关系出现转机。4月,北洋政府与远东共和国决定互派使团。6月,双方互派特使进行考察,准备通过谈判解决中苏之间历史上遗留的一些悬案。但是,由于北洋政府深受法、日等国的影响,与协约国采取对苏俄一致的态度,故当8月底远东代表团抵达北京的时候,北洋政府不仅没有抓住机会进行谈判,反而故意采取冷淡和拖延的策略,从而使中俄之间一系列历史遗留问题继续悬而未决。

1920年9月,苏俄政府第二次发表对中国政府宣言,重申苏俄政府解决中俄历史遗留问题的诚意,并表示将废除帝俄历次与中国签订的一切条约,放弃以前夺取中国的一切领土和中国境内的俄国租界,并将帝俄政府从中国夺得的一切无偿地永久地交还给中国;声明建议两国政府采取一切必要的措施,迅速建立两国正常的贸易和经济关系,随后根据缔约双方遵照最惠国原则,另行缔结有关贸易条约。关于中东铁路的条款,此次声明较前次声明略有倒退,取消了前次声明中关于将中东铁路无条件归还给中国的条款,而要求重新取得中东铁路的使用权。这个微妙的变化引起了北洋政府的不满,于是北洋政府决定单方面结束与苏俄的交涉。

1922年9月,苏俄政府在第三次对华宣言中称,关于苏俄使用中东铁路一事,由中俄两国重新签订条约。1923年1月,苏联政府①代表越飞在上海与孙中山联合发表《孙文越飞宣言》,其中关于中东铁路称:"因承认全部中东路问题,只能于适当之中苏会议解决,孙逸仙博士以为现在中东路之管理,事实上现在只能维持现状;且与越飞同意,现行铁路管理法,只能由中苏两国政府不加成见,以双方实际之利益与权利为据,暂时改组。"

1923年9月,苏联政府派出以加拉罕为代表的外交使团抵达北京,与中国政府代表王正廷谈判,几经波折,两国政府于1924年5月31日签订《中俄解决悬案大纲协定》及《暂定管理中东铁路协定》,确认凡帝俄与第三者所订立的一切条约、协定等有妨碍中国主权及利益者,一概无效;苏联政府承认外蒙为完全中华民国之一部分,及尊重该领土内中国之主权;中苏两国政府将彼此疆界重新划定,在疆界未行划定前,允仍维持现有疆界;苏联政府抛弃帝俄在中国境内任何地方根据各种公约、条约、协定等所得的一切租界等特权;苏联政府放弃俄国部分的庚子赔款;苏联政府取消治外法权及领事裁判权;中东铁路纯系商业性质,除该路本身营业事务直辖于该路外,所有关系中国主权的各项事务如司法、民政、军务、警务、市政、税务、地亩等概由中国政府办理。苏联政府同意中国赎回中东铁路及其所属一切财产,并将该路一切股票、债票移归中国。中东铁路的前途,只取决于中苏两国,不许第三者干涉。此后,苏联政府还与实际控制东北的张作霖签署了奉俄协定,再次确认了上述有关中东铁路的协定。

---

① 1922年12月30日,由俄罗斯、乌克兰等组成的苏维埃社会主义共和国联盟成立,简称"苏联"。

> 🔍 **知识链接**
>
> 中东铁路,是清末沙俄为了控制中国东北修建的铁路,初名大清东省铁路,1898年动工兴建,1903年通车。1905年日俄战争后,俄国被迫将该铁路从长春到大连的南满支线运营权转让给日本。1924年中苏签订协定后,由中苏合营铁路。1929年7月,因张学良驱逐中东铁路的苏联职员,中苏发生武装冲突,后东北军作战失利,苏联继续占据中东铁路。1935年,苏联将中东铁路卖给日本控制的伪满洲国。抗战胜利后,中东铁路继续由中苏共管,1952年完全交由中国管理。

中苏两国政府就历史悬案所达成的协议与谅解,虽然没有完全解决中苏两国历史遗留的全部问题,但毫无疑问的是,这些协议与谅解严重地打击了西方列强强加给中国的整个不平等条约体系,极大地鼓舞了中国人民彻底废除西方列强强加给中国的一切不平等条约的斗志。

对于中苏协议的签订,中国社会各界在深表欢迎与欣慰的同时,也一直要求中国政府根据与苏联政府谈判的原则,从西方列强手中收回治外法权,废除庚子赔款和一切不平等条约,撤退驻在内地之外兵,重新建构国际关系,使中华民族享有人类应有之权利,谋求中国之独立完整与富强。北京、上海、武汉、湖南、山东、天津、广州、杭州等地各界人士,分别组织反帝同盟,用各种方式表达中国人民坚决废除一切不平等条约的决心。9月3日,反帝大同盟发起全国范围的反帝爱国运动周,全国许多大中城市也分别开展了不同形式的活动,从而使废除不平等条约的口号深入人心,使废除不平等条约的运动成为全国人民自觉参加的爱国运动。

但通过谈判废除西方列强强加给中国人民的不平等条约,并没有如中国人民所期望的、像与苏联政府谈判的那样顺利进行。西方列强不愿自动放弃特权是一个原因,而中国内部的分裂则是另外一个重要原因。直至北伐战争胜利进行,工农运动空前高涨,要求废除不平等条约的呼声越来越高。在这种情况下,西方列强为了维护自己的利益,为在未来的政治变局中寻找新的代理人,也为了分化革命阵营,因此,试探性地抛出一些诱饵。1926年年底,英国政府提出所谓对华新政策,声称承认中国关税自主之权。美国政府也于1927年1月发表对华政策声明,声称美国准备尽早放弃在华关税控制和治外法权。只是这些诱饵并没有变成现实。

英美的诱饵并没有阻止北伐军前进的步伐。1927年年初,北伐军顺利挺进,国民政府北迁武汉。武汉数十万人连日举行庆祝胜利的活动,1月3日下午,中央军事政治学校宣传队在汉口英租界附近江汉关码头举行演讲,却遭到了英国水兵的粗暴干涉,英兵强行驱赶宣传队员及听讲群众,并冲入华界,当场刺死一名海员,刺伤群众数十人。

事件发生的当晚,广州国民政府外交部部长陈友仁紧急召见英国总领事,告以英人苟不检束,则民众将使英租界成为无价值之物,并责令英国从速撤退水兵,由中国政府派军队进驻英租界。国民政府的强硬态度得到了人民的支持,4日,武汉各界代表举行联席会议,提出惩凶、道歉等条件,要求国民政府继续与英国进行交涉,并议定如英国领事对于所提条件无圆满答复,中国政府应自动实行如下四条:1.立即收回英租界;2.立即收回海关;3.立即撤销英国领事裁判权;4.立即取消英国享有的在中国内河航行的权利。

知识链接

广州国民政府于1925年7月成立,前身为在广州的陆海军大元帅大本营。国民政府实行委员制,汪精卫、胡汉民、廖仲恺等16人为委员,汪精卫任主席,初设军事、外交、财政3部,后又增设教育、司法行政、交通、侨务等机构。在国共合作大背景下,部分共产党员也在政府内任职,并聘苏联的鲍罗廷为政府高等顾问。国民政府大力倡导废除不平等条约,召开国民会议,并支持民众开展运动。1925年下半年,组织进行第二次东征、南征,消灭广东军阀势力,统一了广东的军政、财政及民政。1926年7月又组织国民革命军发起北伐战争。1926年12月停止办公,迁往武汉。

广州国民政府完全支持社会各界的正当要求。1月9日,武汉工人和市民举行声势浩大的示威游行,游行群众冲入英租界,驱逐英巡捕,解除了租界的一切武装。同日,中央临时联席会议决定设立汉口英租界临时管理委员会,以外交、财政、交通三部部长为委员,外交部部长为主席,正式接管了租界。

继汉口事件之后,九江社会各界群众也因英人随意枪杀中国人而冲入英租界,驱逐英巡捕。10日,国民政府下令设立九江英租界临时管理委员会,接管了租界。

汉口、九江英租界的相继收回,极大地促进了全国反帝运动的高涨。南昌、长沙、上海、广州等地纷纷举行声势浩大的群众集会,要求政府尽快收回各地租界。在中国人民的强大压力下,1月12日,英国政府命其驻北京公使参赞欧玛丽为全权代表,在武汉与国民政府外交部部长陈友仁进行谈判。2月19日,双方签订收回汉口英租界的协定,第二天又签订了收回九江英租界的协定。英国政府正式承认,将汉口、九江英租界交还给中国。

南京国民政府成立之后,其外交政策的基点是依赖英美等国共同对付第三国际。这种依赖西方列强的奴性外交虽然不足以保证中国的主权独立和领土完整,但也为中国废除与西方列强所签订的不平等条约提供了难得的契机。1928年6月15日,南京国民政府发表对外宣言,要求各国遵照正当的手续,通过谈判重订新约。7月6日,国民政府外交部发布《关于重订新条约之宣言》称,中华民国与各国间的条约,已届期满者,废除旧约,另订新约;尚未期满者,以正当之手续解除另订;旧约已满新约未订者,另订临时办法处理一切。

根据这些原则,中国政府与西方列强进行了相关谈判,1928年7月25日,财政部部长宋子文与美国驻华公使马克谟在北平首先签订了《中美关税条约》，随后中国政府又与挪威、比利时、意大利、丹麦、葡萄牙、荷兰、英国、瑞典、法国、西班牙、日本等国缔结了"友好通商条约"或新的关税条约。这些国家都在条约中承认中国关税自主权，这样就为统一税则创造了条件。

在当时与中国有不平等条约关系的十几个国家中，西班牙、意大利、葡萄牙、丹麦、比利时、日本等六国的约期已满，除日本外，其余五国都在与中国订立的新约中取消了在中国的领事裁判权，但也有所保留，甚至规定应于现享有领事裁判权之国半数以上放弃特权时，方得废除。1929年4月，中国政府照会约期未满的英、法、美等国，要求废除领事裁判权，各国协商后在口头上表示同意，实际上一直借故拖延交涉，未取得实质性进展。同年底，国民政府又发布命令称，自1930年元旦起，所有在华居住的外国人都应遵守中央政府及地方政府颁布的法令规章。面对各国的拖延，1931年5月4日，国民政府还单方面公布了《管辖在华外国人实施条例》，其中有些条文较过去有很大的进步，但仍为外国人保留了一些特权。中国政府规定这个条例于1932年元旦开始施行，不久，"九一八"事变发生，中国政府通令暂缓执行，因此，废除领事裁判权的问题也就不了了之了。

知识链接

《管辖在华外国人实施条例》共十二条，规定外国人受中国司法法院管辖，若其犯罪，由中国法院进行审判，中国可对违法的外国人进行监禁、羁押及拘留，警察可对违法的外国人进行处罚。条例还规定沈阳、上海、天津、汉口等地10多处地方法院可受理外国人为被告的民、刑诉讼案件。该条例对享有领事裁判权的在华外人造成严重冲击。

思考题：

1. 中国与苏俄（苏联）是如何处理不平等条约的？
2. 南京国民政府是如何进行改订新约运动的？

第四十三章
日本帝国主义的武装入侵

> 日本帝国主义对侵略中国蓄谋已久。"九一八"事变的发生绝非偶然。不抵抗政策导致了东北的沦丧。日本是如何一步步地侵犯华北、试图控制华北的？

日本企图侵略中国、称霸世界,本是蓄谋已久的事情,近代中国的许多波折说起来都与日本有或多或少的关系。1927年7月,日本内阁召开所谓东方会议,进一步策划对中国东北和蒙古地区的侵略,根据此次会议形成的所谓"田中奏折",就赤裸裸地宣称如欲征服中国,必先征服满蒙;如欲征服世界,必先征服中国。根据这一原则,日本陆军省于1931年制定了《解决满蒙问题方策大纲》,明确强调必须对中国东北地区采取军事行动。日本关东军在制造了一系列摩擦之后,于1931年9月18日炸毁沈阳北郊柳条湖附近的南满铁路,然后贼喊捉贼,反诬中国军队破坏铁路、袭击日军,并借此根本不存在的理由公然进攻沈阳和北大营,从而发动震惊世界的"九一八"事变。

知识链接

9月24日,张学良向蒋介石、王正廷详细报告了"九一八"事变当天的情况:"9月18日晚10时许,沈阳城北忽有轰然炸裂之声,既而枪声大作。旋据北大营我第七旅报告,乃知系日军向我兵营攻击。先是,我方以日军迭在北大营等处演习示威,行动异常,曾经通令各军,遇有日军寻衅,务须慎重,避免冲突。当时日军突如其来,殊出意外,我军乃向官方请示办法,官方即根据前项命令,不许冲突。又以日军此举,不过寻常性质,为免除扩大事件起见,绝对抱不抵抗主义。"

面对日本军队的猖狂挑衅,蒋介石竟然指示张学良抱持绝对的不抵抗主义,遂使日军兵不血刃即很快占领沈阳全城。此后仅仅四个月的时间,整个东北三省全部沦为日本的殖民地。

知识链接

"九一八"事变爆发前后,从中央到地方都没有坚决抵抗的决心。7月23日,蒋介石通电全国,强调"不先消灭赤匪,恢复民族之元气,则不能御侮,不先削平逆粤,完成国家之统一,则不能攘外"。7月6日,张学良指示东北政务委员会:"此时若与日本开战,我方必败。败则日方将对我要求割地赔款,东北将万劫不复,亟宜力避冲突,以公理为周旋。"8月,日方借东北军处决间谍中村震太郎掀起事端,张学良又指示东北军政长官"力求稳慎""对于日人无论其如何寻事,我方务须万方容忍,不可与之反抗,致酿事端"。事变发生后次日,戴季陶主持国民党中央常务会议,决定"对外仍采诉之国际联盟""对内则亟谋全国国民及本党同志牺牲成见,一致联合"。21日,蒋介石回到南京,赞同日前中央临时常会的决定,主张对日避免扩大战争。22日,蒋发表公开讲演表示:"此刻必须上下一致,先以公理对强权,以和平对野蛮,忍辱含愤,暂取逆来顺受态度,以待国际公理之解决。"在东北方面,19日,张学良会见记者时表示:"东北军既无抵抗之力量,亦无开战之理由,已经电沈,严饬其绝对不抵抗,尽任日军所为。"

在占领东三省的同时,日本军队在中国的南部地区也开展了攻势。1932年1月28日深夜,日军进犯上海闸北,但遭到了中国驻防上海的第十九路军的勇猛抵抗。抗战月余,十九路军击毙或击伤日军万人以上,充分表现了中华民族不畏强暴、英勇抵抗的英雄气概。此即现代史上有名的"一·二八"抗战。

日本在中国南部进攻的阴谋没有完全得逞,但其在北方占领了东三省之后则一直试图向华北推进。1933年1月,日军从锦州、绥中一线发起进攻,目标直指山海关。中国守军力战不敌,山海关沦陷。2月,日军纠集十万大军分三路向热河进犯,在占领了热河之后又直扑长城各口,中国守军被迫转移到长城各口进行顽强抵抗,但各口依然相继失守。5月初,日军向滦东进攻,越过滦河,攻陷冀东二十余县,直逼平津,华北门户洞开,中华民族危在旦夕。为了稳定华北的局势,南京政府委派黄郛负责对日交涉停战问题,经过一番秘密谈判,5月31日,中日签订《塘沽协定》,确认中国军队一律退至延庆、昌平、高丽营、顺义、通县、香河、宝坻、林亭口、宁河、芦台所连之线以西、以南。尔后不得越过该线,不得做一切挑衅、扰乱性的行动;日军如证实中国军队遵守了上述规定,日本军队不再越过上述中国军的撤退线进行追击,并自动回到大致长城一线;长城以南及中国军队控制线以北、以东地区内的治安维持,由中国方面的警察机关担任,但不可利用刺激日军感情的武力团体。显然,《塘沽协定》不仅在实际上承认了日本侵占东三省及热河的合法性,而且承认冀东为非武装区,中国军队不能进入这个所谓的非武装区,而日本军队却可以自由行动,实际上是将冀东变成了第二个"满洲国",也为后来形势的发展留下了巨大的隐患。

1935年5月初,东北抗日义勇军一部退至长城以南附近继续抗战。日本借口以中国军队援助该部、进入冀东非武装区,破坏了《塘沽协定》为由，向南京政府提出抗议，并调集大批日军入关，进行武力要挟。6月9日，日本天津驻屯军司令官梅津美治郎向北平军分会代理委员长何应钦提交了一份备忘录：1.中国军队51军和25师、宪兵第三团撤出河北省；2.撤出河北省内的一切国民党党部，解散北平军分会政治训练处、北平军事杂志社；3.取缔蓝衣社、复兴社、励志社等机关团体；4.罢免河北省主席于学忠等；5.禁止中国的排日运动；6.河北省市的官员要任用亲日分子；7.以上各项的实施，准许日本方面采取监视及纠察手段。7月6日，何应钦复函梅津，完全同意上述各项，"并自主地期其遂行"，这就是现代史上常说的《何梅协定》。与此同时，日军还通过《秦土协定》实际上控制了察哈尔省。

日本为了适应控制华北的需要，设法扶植傀儡政权。9月，天津驻屯军司令部扩大为华北驻屯军司令部，并声明日军愿意支持华北的自治组织脱离中国。10月22日，河北东部地区的香河、三河、昌平、武清等县的一批汉奸无赖举行所谓饥民暴动，组成所谓"县政临时维持会"。11月25日，日军又唆使汉奸殷汝耕在通县成立"冀东防共自治委员会"。这样，日本通过汉奸组织实际上控制了冀东22县。如此发展下去，华北必将成为"满洲国"第二。

思考题：

1. 不抵抗主义是当时国民党中央或东北地方单方面的对日政策吗？

第四十四章
国共两党的抗战

> 在抗日民主运动和中国共产党的推动下,南京国民政府逐渐走上抗日的道路。

华北事变以及中国政府一系列丧权辱国的做法,既激起了中国人民对日本帝国主义的仇视,也激起了人民对国民党不抵抗政策的愤慨,因而一度被镇压下去的抗日民主运动再度活跃起来。

1935年8月1日,中国共产党发表《八一宣言》,呼吁停止内战,以便集中一切国力去为抗日救国的神圣事业而奋斗。《八一宣言》建议成立国防政府,实行民主政治,释放一切政治犯;联合一切同情中国民族解放运动的国家;收复失地,没收日本在华财产及汉奸的财产作为抗日经费;废除苛捐杂税,整理金融,发展实业以改善民生等十大政纲。宣言强调,中华民族已经到了生死存亡的关头,抗日则生,不抗日则死。11月28日,毛泽东、朱德代表苏维埃政府和工农红军发表《抗日救国宣言》,重申中共反蒋抗日的政治主张,并提出抗日救国十大纲领。

中共的主张在国内引起强烈的反响,有力地促进了全国抗日反蒋运动的发展。1935年11月,北平军分会下令取消一切抗日团体,立即引起各界的愤怒。平津学生上书正在召开的国民党四届六中全会,要求开放言论、集会自由，明令禁止非法捕杀学生。18日，北平学生联合会宣告成立。12月5日，燕京大学、清华大学等15所学校联名致电南京政府，呼吁政府下令讨伐叛逆殷汝耕，阻止华北地区任何变相独立的阴谋得逞。12月9日，北平15所高校的学生在中共北平临时工委和北平学联的领导下，走上街头，举行抗日救国示威游行。后与军警发生冲突，数十名学生被捕，百余人受伤。10日，宋哲元下令北平全城戒严，不准学生出入。

知识链接

"一二·九"运动指的是发生在1932年12月9日和16日的两次学生游行示威行动。在日本关东军奉天特务机关长土肥原的压力下，何应钦拟于12月9日成立半傀儡式的政权"冀察政务委员会"，北平学联得知这一消息后，于12月8日在燕京大学召开各校代表大会，决定次日组织学生向何应钦请愿。9日晨，请愿学生在各自操场准备集合出发时，受到大批军警把守阻止。燕京大学、清华大学的学生突破封锁，冲出校门，徒步至西直门外。军警封锁了西直门、阜成门、西便门、广安门，学生冒着严寒与军警抗争周旋至下午4时，方返回学校。城内的东北大学、北平大学法学院、中国大学、师范大学、女一中、女二中、艺文中学、东北中学等校的学生也冲破军警围困，来到新华门前要求递交请愿书。何应钦拒不接见，学生们被激怒，决定将请愿改成示威。游行队伍经西单、护国寺、沙滩，辅仁大学和北京大学的200多名学生也加入进来。下午4时，队伍来到王府井。当局惧怕学生冲入东交民巷，在王府井南口布置了封锁线。学生请求军警不要阻挡游行，遭到军警水枪镇压，30多名学生受伤送医。当晚，北平学联发表罢课宣言，指出："我们认定解救中华民族危亡的只有民众自己。"

"一二·九"运动后，北平抗日救亡学生组织如雨后春笋般纷纷涌现。与此同时，国民党当局定于12月16日成立"冀察政务委员会"。北平学联决定于同日发起大规模的示威游行。16日当天,各校学生分四路分别集合,在正阳门前召开市民大会,通过了"反对秘密外交""反对中国人打中国人"等九项决议案。随后城内城外学生分两支向宣武门进发,却遭到当局阻止,城外学生无法进入宣武门内。站在前排的清华大学女生陆璀从城门下的边缝爬了进去,试图打开城门,并鼓动城外学生冲击城门,被军警逮捕。随队采访的美国记者斯诺报道了这一消息,学生与当局达成协议,当局同意释放陆璀,清华大学、燕京大学学生出西便门返校,城内学生进宣武门返校。然而城内学生却再次被阻挡于宣武门,并被派来的宪兵、消防队和军警毒打。

北平学生的爱国行动立即得到全国学生和各界爱国群众的支持,从10日起,杭州、武汉、上海、广州、西安、济南、天津、青岛、南宁、南京、长沙、厦门、南昌、成都等城市的学生相继罢课,举行集会游行,声援北平学生。在中华全国总工会的号召下,各地的工人组织也纷纷行动起来,呼吁政府释放被捕学生,对日宣战。

在中共的号召和组织下,为了将抗日民主运动引向深入,平津学生组成四个南下宣传团,于12月下旬开始徒步南下,到工人、农民、士兵中宣传抗日救国的道理,促使国民觉醒。"一二·九"运动有力地推动了抗日民主运动的发展,在一定程度上还推动了西安事变的爆发和国民党内战政策的转变,为七七抗战和后来的全民族抗战运动作出了思想上和人才上的准备。

"一二·九"运动之后,中共中央在瓦窑堡举行政治局会议,会议分析了国内形势和阶级关系的新变化,讨论并确定了建立广泛的抗日民族统一战线的方针、政策和策略,为即将到来的全民族抗战在政治上和理论上做了必要的准备。

> **知识链接**
>
> 　　1935年12月17日至25日，中共中央政治局在陕北瓦窑堡召开会议，通过了《中央关于目前政治形势与党的任务的决议》。决议指出，日本帝国主义的侵略、空前的亡国危机"把一切不愿当亡国奴，不愿充汉奸卖国贼的中国人，迫得走向一条唯一的道路：向着日本帝国主义及其走狗卖国贼展开神圣的民族革命战争"。决议认为，在这种情况下，民族革命战线是扩大了。不仅工人农民积极参加革命斗争，"广大的小资产阶级群众与知识分子"转入了革命，而且"一部分民族资产阶级，许多的乡村富农与小地主，甚至一部分军阀，对于目前开始的新的民族运动，是有采取同情中立以至参加的可能的"。瓦窑堡会议之后，12月27日，毛泽东作了《论反对日本帝国主义的策略》的报告。报告主要批评了无视民族资产阶级的两重性及其变化、拒绝同他们结成抗日民族统一战线的错误观点，号召"勇敢地抛弃关门主义，采取广泛的统一战线"。瓦窑堡会议的政治决议和毛泽东的这篇报告，是中国共产党建立抗日民族统一战线的纲领性文献，标志着抗日民族统一战线策略方针的正式形成。

　　面对国内外形势的变化，尤其是抗日民主运动的不断高涨，蒋介石和国民党的政策也在发生变化。11月12日，国民党第五次全国代表大会在南京召开，蒋介石在会上表示，"和平未到完全绝望之时，决不放弃和平；牺牲未到最后关头，亦决不轻言牺牲。……和平有和平之限度，牺牲有牺牲之决心，以抱定最后牺牲之决心，而为和平最大之努力"。这表明蒋介石虽然已有抗战的倾向，但未到最后关头，尚不愿意彻底放弃先安内后攘外的基本国策。

　　1936年7月，国民党召开五届二中全会，在各地抗日民主运动的压力下，蒋介石对他提出的"和平的最低限度"和"牺牲的最后关头"重新作了解释，强调前者就是保持领土完整，绝对不订立任何侵犯领土主权的协议,绝对不容忍任何侵犯领土主权的事实;后者就是从去年11月国民党全国代表大会之后,如遇有领土再被侵害,如果用尽政治外交方法而仍不能排除这种侵害,就是要危害到我们国家民族之根本的生存,这就是我们不能容忍的时候,到这时候,我们一定作最后的牺牲,这也就是"和平的最低限度"。这表明蒋介石的对日方针不仅更加明确,也更加强硬了。

中共方面认为这个解释实为一个可喜的现象,表明蒋介石已经有了抗日的想法和准备。在8月10日召开的政治局会议上,毛泽东提出,要将"反蒋抗日"转变为"与蒋联合"。8月15日,共产国际书记处致电中共中央,认为将蒋介石与日本侵略者相提并论是不对的,主张停止红军与蒋介石军队间的军事行动,与蒋介石达成联合抗日的具体协议。8月25日,中共中央政治局发表了《中国共产党致国民党书》,公开提出立即停止内战、组织全国统一战线、抵抗日本进攻、收复中国的领土主权等主张,建议国民党恢复孙中山的三民主义,重新实行联俄联共扶助农工的三大政策。这标志着中国共产党放弃了"反蒋"策略,开始实施"逼蒋抗日"方针。

中共关于国共合作抗战的建议立即引起巨大的反响。国民党内的进步人士宋庆龄等人要求国民党立即召开三中全会,讨论国共第二次合作问题。毛泽东也与红军多名高级将领于10月26日联名致信蒋介石,深望蒋介石能够立即与红军携手共赴国防前线,驱逐日寇,收复失地。

蒋介石的对日外交虽然变得强硬起来,但是当牺牲未到最后关头,他心中念念不忘的还是尽早歼灭中国共产党,所以他在国民党五届二中全会之后亲临西安,部署对红军的围剿。此时驻防西安的是张学良的东北军,张学良在"九一八"事变中代蒋受过,承担着不抵抗而丧失东三省的责任,而东北军本身也沦落西北,远离家乡,在中共统一战线的感召和影响下,东北军实际上已不愿继续执行蒋介石的剿共方针,而愿与中国共产党联合抗日。所以当蒋介石抵达西安后,张学良便联合17路军的杨虎城多次面谏,请求放弃剿共,一致对外。

知识链接

张学良(1901—2001),字汉卿,汉族,奉系军阀首领张作霖的长子,中国近代著名爱国将领。1920年毕业于东三省陆军讲武堂,先于奉系军中担任要职。"皇姑屯事件"之后,继任东北保安军总司令。1928年,他拒绝日本人的拉拢,坚持"东北易帜",为祖国统一和民族团结作出了贡献。1930年中原大战,张学良最终支持蒋介石,壮大了东北军。"九一八"事变中持不抵抗政策,1932年退出东北。西安事变后遭蒋介石父子长期软禁。1990年恢复人身自由,1995年起侨居美国夏威夷,2001年10月14日病逝于檀香山。

对于张、杨的劝谏,蒋介石不为所动,并声称如果张、杨拒绝剿共,那么将由中央军代替东北军,而将东北军调至福建,将17路军调驻安徽。于是张、杨在1936年12月12日发动兵谏,扣押蒋介石,逼蒋抗日。此即震惊中外、深深影响中国历史进程的"西安事变"。

知识链接

蒋介石早已通过国民党特务得知张学良、杨虎城的联共抗日活动。1936年10月22日,蒋介石来到西安,分别召见张学良、杨虎城,宣布继续进行"剿共"计划。张学良当场表示东北军不愿剿共,希望蒋"停止内战,一致抗日"。10月29日,蒋介石由西安赴洛阳,进行新的"剿共"部署,并打算将张、杨调离。张、杨多次劝说蒋介石不成,决定实行兵谏。12月11日深夜,张、杨向东北军、17路军的高级将领秘密传达了"捉蒋"的指令,次日凌晨,攻入华清池,在后山搜获蒋介石。随后,张、杨通电全国,阐明原委,提出八项救国主张:(一)改组南京政府,容纳各党各派,共同负责救国;(二)停止一切内战;(三)立即释放上海被捕之爱国领袖;(四)释放全国一切政治犯;(五)开放民众爱国运动;(六)保障人民集会结社一切政治自由;(七)确实遵行总理遗嘱;(八)立即召开救国会议。为表明抗日救国的诚意和决心,他们撤销了内战机构"西北剿匪总司令部",成立了领导抗日救国的机关"抗日联军西北军事委员会"。同时做好了应对军事进攻的准备,发动"兰州事变",改组陕西省政府。重新部署军队,准备抗击南京的讨伐派。

在中共的帮助下,西安事变和平解决,蒋介石被迫走上抗战的道路,以国共合作为基础的抗日民族统一战线开始形成。1937年的七七事变,更加速了中国抗日民族统一战线的正式形成。

知识链接

对西安事变应采取何种对策、应如何营救蒋介石,南京统治集团内部出现两种主张。一种主张以保证蒋介石安全为主;一种主张立即进攻西安,讨伐张学良。主战派在何应钦的指挥下开始进行军事部署,对西安形成东西夹击之势。另一方面,宋美龄、宋子文和孔祥熙等人通过各种渠道展开和平营救。尽管事变发生前,中共没有参与事变的策划和行动,但事变发生后,中共旗帜鲜明地拥护张、杨的爱国行动,给予力所能及的支持。经历了最初的摇摆和动摇之后,中共确定了和平解决事变的方针。同时,张、杨一再在公私场合声明,捉蒋只是为了让蒋介石改变心意,绝不会危及他的人身安全。12月20日,宋子文以私人身份赴西安会见张、杨,并见到了蒋介石。周恩来向宋子文的代表郭增恺表达了国共联合抗日的愿望。次日宋子文返京。12月22日,宋美龄、宋子文飞抵西安,与张、杨谈判。24日,双方同意停止内战、一致抗日。张学良决定立即释放蒋介石,并亲自护送蒋回南京。

日军大举进攻中国，是其既定的战略方针。1937年上半年，日军不断从其本土和东北地区向华北调集兵力，准备发动全面的侵华战争。1937年7月7日晚，驻丰台日军以卢沟桥为假想目标进行演习，蓄意挑起冲突。24时，日军诡称演习中失落一名士兵，要求北平地方当局允许日军进城搜索。中国方面断然拒绝。此后不久，日军称失踪的士兵已归队，要求中国方面派员调查失踪原因。正当双方的人员进行调查的时候，驻丰台日军无理要求中国军队撤出宛平城，并随即向宛平城开枪开炮，中国守军被迫迎战，坚决回击，全歼进犯卢沟桥日军百余人。

七七事变的第二天，中国政府向日本方面提出口头抗议，10日提出书面抗议，要求立即停止日军的军事行动。与此同时，蒋介石也作了积极的军事部署，紧急调集兵力向石家庄集结，设立石家庄行营，以便就近督导冀察战事。中共在卢沟桥事变的第二天发表抗战宣言，号召全中国人民、政府、军队团结起来，筑成民族统一战线的坚固长城，实行全民族抗战，抵抗日寇的侵略。

7月11日，日本内阁召开紧急会议，决定立即从日本本土向华北增兵，扩大对华战争，企图通过全面的战争从根本上彻底解决日中之间的问题。针对日军在华北的部署，蒋介石于7月17日在庐山发表谈话，以较为强硬的态度宣布对日作战，声称"我们希望和平而不求苟安，准备应战而决不求战""如果战端一开，那就地无分南北，人无分老幼，无论何人皆有守土抗战之责任"。全面抗战终于爆发。

7月26日，日军攻占平津之间的要地廊坊后，开始进攻北平，中国守军不敌，被迫撤退。29日，北平沦陷。30日，天津失守。8月13日，日军舰队以重炮轰炸上海市中心，海军陆战队向闸北、虹口、江湾的中国守军进攻，日本飞机也配合作战，向上海市区狂轰滥炸。中国军队奋起反击，这就是有名的"八一三抗战"。

> 🔍 **知识链接**
>
> 1937年8月13日,日本海军陆战队接到内阁决定派遣陆军的消息,不待陆军援军到达,就急不可待地执行其侵略计划,发动了"八一三"事变。蒋介石于当天深夜下达了发动总攻击的命令。次日,国民政府发表了《自卫抗敌声明书》,向全世界宣布:"中国之领土主权,已横受日本之侵略;国联盟约、九国公约、非战公约、已为日本所破坏无余。……中国绝不放弃领土之任何部分,遇有侵略,惟有实行天赋之自卫权以应之。"国民政府同时指出:"吾人此次非仅为中国,实为世界而奋斗;非仅为领土与主权,实为公法与正义而奋斗。"明确表示实施抗战。9月1日,国民党国防最高会议决定,适当改组军事委员会,内设八部,此即战时最高军事统帅机构。

8月22日,国民政府军事委员会正式宣布将红军主力改编为国民革命军第八路军,任命朱德为总指挥;将南方八省红军和游击队改编为国民革命军陆军新编第四军。9月11日,国民革命军第八路军改称第十八集团军,但直至抗战结束,该军一直被简称为"八路军"。9月22日,中央通讯社公布中共《共赴国难宣言》。23日,蒋介石发表谈话,对中共宣言表示欢迎,声称在民族危机之秋,不应计较过去之一切,而当使全国国民彻底更新,力谋团结,以共保国家之生命与生存。所有这些都标志着以国共两党合作为基础的抗日民族统一战线正式形成。

> 🔍 **知识链接**
>
> 8月25日,中共中央革命军事委员会将红军前敌总指挥部改为八路军总指挥部,由朱德、彭德怀任正、副总指挥,叶剑英任参谋长,左权任副

参谋长;红军总政治部改为八路军政治部,任弼时任主任,邓小平任副主任。八路军下辖第一一五师、第一二零师、第一二九师。部分兵力组成八路军后方留守处,萧劲光任主任。当天,朱德、彭德怀发表就职通电,宣誓:"德等愿竭至诚,拥护蒋委员长,追随全国友军之后,效命疆场,誓驱日寇,收复失地,为中国之独立自由幸福而奋斗到底。"

图4 抗战中的民兵

面对日军的大规模进攻,中国军队实施战略防御。八路军、新四军开赴华北、华中敌后,广泛开展游击战争,配合国民党军作战,先后取得平型关、阳明堡等战斗的胜利,并发动群众,建立抗日根据地。国民党军以一部兵力坚守华北作持久抵抗,集中兵力于华东力保上海、南京,先后在上海、台儿庄等地给日军以打击。但在武器装备具有优势的日军的进攻下,上海、南京、武汉、广州等城市继平津之后相继失守,大片国土沦陷。1938年10月广州、武汉失守后,日军被迫停止战略进攻,战争进入相持阶段,日本加紧对国民党进行政治诱降,国民党一度从战争初期比较积极地抗战转为消极抗战、积极反攻,国共之间的政治、军事摩擦持续不断。在战略相持阶段,日军在正面战场上发动过南昌、长沙、桂南、豫南、中条山、浙赣和常德等战役,中国军队在这些战役中进行了顽强的抵抗。

知识链接

10月21日,广州失陷。日军分多路向武汉猛攻,我方虽已坚持数月,但武汉失守已成定局。面对复杂严峻的形势,在国民党高层人士中开始弥漫悲观主义、失败主义的情绪。代表人物汪精卫,明确主张对日议和。在此前后,其亲信多次与日方密谈,探查日本和谈条件。11月12日至14日,汪精卫代表梅思平、高宗武与日方代表在上海重光堂秘密会谈,商讨"和平"条件与汪精卫逃离重庆的详细计划。20日,双方正式达成了《日华协议记录》《日华协议记录谅解事项》,以及一项《日华秘密协议记录》。27日,梅思平将密商结果带回重庆,汪精卫立刻召集亲信制订出逃计划。12月19日,先后到达昆明的汪精卫、周佛海、陶希圣、曾仲鸣、陈璧君一行十余人,乘专机飞往越南河内。得到汪精卫成功出逃的消息后,近卫文麿发表早已准备好的一份声明,声称"向国内外阐明同新生的中国调整关系的总方针",被称为近卫第三次对华声明。12月28日,汪精卫致函国民党中央常务委员会和国防最高会议,建议接受近卫三原则。12月29日,汪精卫"艳电"在香港《南华日报》上发表,公开主张"与日本政府交换诚意,以期恢复和平"。汪精卫求和投降的行为,遭到全国人民的唾弃和声讨。国民党元老何香凝发表文章斥责说:"其所提各点,措辞恍惚,均只从如何执行'日本政府所提议者'出发,将近卫声明响应一番,不特民族气味全无,连做人的良心都已丧尽。"1939年元旦,国民党中央常务委员会临时会议决定"永远开除汪兆铭党籍",撤除其一切职务。1939年5月8日,日本陆军参谋本部中国课长影佐祯昭将汪精卫接至上海土肥原公馆，从此，汪精卫集团从宣传民族失败主义，走上了与日本侵略者合作建立傀儡政权的道路。

随着太平洋战场的开辟，中国人民的抗日战争成为世界人民反法西斯战争的一部分，中国战场上的形势开始好转。1944年起，抗日根据地开展声势浩大的作战攻势，将日伪军压缩包围在主要城市和交通线上，为中国军队在正面战场上的全面反攻创造了条件。

1945年8月初，美国用原子弹向日本本土进行攻击，苏联也宣布出兵中国东北，对日本关东军发起进攻。8月15日，日本宣布无条件投降。由国共两党合作的抗日战争至此胜利结束。

知识链接

8月14日，日本天皇裕仁发布停战诏书。8月15日，中国政府外交部接获日本政府投降电文，日本正式宣布向同盟国无条件投降。当天，蒋介石发表广播演讲，代表中国官方表示抗战正式结束。同日，蒋介石致电日本驻华派遣军总司令冈村宁次，命令其通令所属日军停止一切军事行动。9月2日，日本投降代表、外相重光葵和参谋总长梅津美治郎，在停泊于东京湾的美国战舰密苏里号上，签订了日本投降文书，正式声明："我们兹宣布日本帝国大本营及在日本控制下驻扎各地方的日本武装部队，向同盟国无条件投降。"国民政府军事委员会军令部部长徐永昌上将，代表中国政府在投降书上签字。9月3日，即成为对日作战胜利纪念日。9月9日，中国战区日军投降仪式在南京举行。抗战胜利是中国近代百年历史上，第一次完全意义上的中国人民反抗帝国主义侵略的胜利，是国共两党合作、全体中国人民共同奋斗而取得的胜利。发动侵略战争的日本侵略者被永远地钉在历史的耻辱柱上，反法西斯同盟国为人类文明与正义作出的贡献必将为历史铭记。

思考题：

1. 以国共两党合作为基础的抗日民族统一战线是怎样形成的？
2. 谈谈"一二·九"运动。

第四十五章
抗战前后的文学艺术

> 十四年抗战是中华民族在近代历史上最困难的一段时期,也是文学艺术创作相对来说比较繁荣、比较直接地反映社会现实、为现实服务的最好的一段时期。

从"九一八"事变到华北事变,中华民族亡国灭种的危机日趋加深。由于"一二·九"运动的爆发,特别是中国共产党抗日民族统一战线的号召,文化界最先行动起来,开展抗日救亡运动。1935年12月27日,上海文化界救国会正式成立,号召文化界团结一致,反对国民党的文化专制主义,反对文化界的汉奸活动,组成文化界抗日救亡统一战线。

七七事变之后,抗日民族统一战线逐步形成,文化界的救亡热情更加高涨,富有时代特色的抗战文化蓬勃发展起来。1937年7月28日,上海文化界救亡协会成立。翌年3月27日,中华全国文艺界救亡协会在汉口成立,这是第一家全国性的文化界救亡团体。紧接着,各专门性的全国文艺团体如中华全国电影界抗敌协会、中华全国戏剧界抗敌协会、中华全国美术界抗敌协会、中华全国音乐界抗敌协会等纷纷成立。他们共同的宗旨就是利用自己的专长,发动群众,捍卫祖国,粉碎敌寇,争取抗战的胜利。

在文协以及各专门团体的领导下，全国各地相继成立了一些分会组织，并很快创刊出版了《抗战文艺》《笔阵》《文化岗位半月刊》《文艺阵地》《抗战三日刊》《战时联合旬刊》《文艺战线》等百余种刊物。而中共直接领导的《新中华报》《新华日报》《解放》《群众》《中国文化》等，更为旗帜鲜明，充分发挥了进步文化界鼓励人民坚持抗战的决心。

深入前线的作家和记者，在抗战时期创作出许多优秀作品，如徐迟的《大场之夜》、长江的《台儿庄血战经过》、碧野的《太行山边》、骆宾基的《救护车里的血》、茅盾的《第一阶段的故事》、张天翼的《华威先生》、姚雪垠的《差半车麦秸》、萧乾的《刘翠刚之死》等，或用如画的笔墨描述了抗日将士可歌可泣的斗争故事，或用辛辣的笔调揭露了后方官僚的腐败无能。赵树理创作的《小二黑结婚》《李有才板话》等，不仅真实地反映了根据地人民在中国共产党领导下的幸福生活，而且在艺术上达到很高的境界。

诗歌是抗战时期非常活跃的一种文艺形式，在抗战时期也涌现出一批优秀的作品，如艾芜的《我怀念宝山的原野》、王统照的《上海战歌》、靳以的《火中的孤军》、郭沫若的《战歌集》、柯仲平的《边区自卫军》、田间的《给战斗者》、艾青的《向太阳》《剑北篇》等，或燃烧着对侵略者的深仇大恨，或歌颂人民不畏强暴、英勇奋斗的顽强精神。

音乐艺术在抗战时期更直接地反映了人民的心声，在中华全国歌咏协会的组织下，群众性的歌咏活动曾一度高涨，一批著名的音乐家如冼星海、吕骥、张曙、贺绿汀等创作了一大批令人难忘的战歌，如《武装保卫山西》《干一场》《全民抗战》《到敌人后方去》《在太行山上》《歌唱八百壮士》《游击队歌》《二月里来》等。而由著名诗人光未然作词、冼星海作曲的《黄河大合唱》更是谱出了人民大众的呼声，发出了中华民族不畏强敌的怒吼。这其中的一些作品已经成为中华民族文化的瑰宝，至今仍被人们所传诵。而边区农民歌手李有源作词的《东方红》、孙万福创作的《高楼万丈平地起》、韩起祥改编的《刘巧儿团圆》等，也都成为抗战时期比较有名的作品。

在抗战早期的戏剧舞台上,主要以独幕剧、街头剧、活报剧为主,如集体创作的《保卫卢沟桥》《台儿庄》《放下你的鞭子》,田汉的《卢沟桥》,周扬、沙可夫的《血祭上海》,崔嵬、王震之的《八百壮士》,夏衍的《咱们要反攻》,荒煤的《打鬼子去》等都深受观众的欢迎。而在边区根据地,最受欢迎的无疑要数新秧歌剧,最著名的作品有《兄妹开荒》《夫妻识字》等。根据地艺术工作者创作的歌剧《白毛女》不仅具有深刻的思想内容,而且具有鲜明的民族风格,在中国歌剧发展史上留下了辉煌的一页。至于延安文艺工作者改编演出的京剧《逼上梁山》《三打祝家庄》,不仅受到人民群众的普遍欢迎,而且为中国戏剧艺术的改革开创了一条新路,积累了丰富的经验。

电影艺术在抗战时期也有新的发展,为配合战争的进行,电影工作者深入前线,拍摄了许多反映真实战争的纪录片,如《抗战特辑》《抗战号外》等都真实地向观众展现了卢沟桥、淞沪、平型关、台儿庄等战役的情况,激发了人民的抗战热情。艺术片如石东山编导的《保卫我们的土地》,阳翰笙编剧、应云卫导演的《八百壮士》等,也都直观地反映了中国军民英勇抵抗侵略者的事迹。

美术界在抗战时期最突出的成就是漫画艺术发展到了一个新的高度,涌现出一大批著名作者,留下了一大批至今仍令人难以忘怀的艺术形象。叶浅予、张乐平、廖冰兄等都是这一时期涌现出的最活跃的艺术家,张乐平创造的三毛形象至今仍具有生命力。

思考题:

1. 分析抗战文艺发展的情况。

第四十六章
民主党派的产生和发展

中国民主党派的诞生有何特殊背景?

与中国共产党精诚合作的各民主党派具有光荣的历史,他们大都产生于抗战后期。在政治上他们不满意于国民党的独裁统治,但也不赞成中国共产党领导的革命运动,他们试图在国共两党之间或之外寻找到一条通往民主、共和的新路。

在众多的民主党派中,最有影响力的当属中国民主同盟,它的前身是中国民主政团同盟,成立于1941年,其成员主要是文化教育界的高级知识分子,在抗战后期一直比较活跃,1944年改组为中国民主同盟。抗战胜利后,民盟最先发出"民主统一、和平建国"的呼吁,并提出和平建国的十条政治主张。1945年10月,民盟在重庆召开第一次全国代表大会,选举张澜为中央常委会主席,左舜生为秘书长。

知识链接

张澜(1872—1955),字表方,汉族,四川南充人(今西充县莲池乡人)。1894年(清光绪二十年)中秀才,不久补廪生。1903年留学日本,入东京弘文书院学习师范专业。1904年回国后投身教育事业。辛亥革命前主张维新变法，参加立宪派，曾任四川谘议局议员。1911年任川汉铁路股东会副会长，发起组织四川保路同志会，领导四川人民开展保路运动。辛亥革命后，任四川军政府川北宣慰使，并创建南充县立中学、南充实业学校、南充蚕业社。五四运动后，支持新文化运动和青年出国勤工俭学。1925年7月起任成都大学校长。1939年参与发起民主宪政运动和组织统一建国同志会。1941年3月参加发起组织中国民主政团同盟，被选为中央执行委员，旋被推选为民盟中央主席。1946年1月，代表民盟参加在重庆召开的政治协商会议。11月，国民党召开其一党包办的"国民大会"时，领导民盟总部发表声明，拒绝参加。1949年，因拒绝去台湾遭软禁。上海解放前夕，经中共地下组织营救脱险。1949年9月出席中国人民政治协商会议第一届全体会议。中华人民共和国成立后，任中央人民政府副主席，并继续当选为民盟第一届中央主席。1954年当选为第一届全国人民代表大会常务委员会副委员长，政协全国委员会副主席。1955年2月9日在北京病逝，享年83岁。

左舜生（1893—1969），名学训，字舜生，别号仲平，湖南长沙人。青年党骨干人物。1913年入上海震旦大学法文系，1919年初加入少年中国学会，1925年春加入中国青年党，1935年任该党中央执行委员会委员长，与曾琦、李璜并称中国青年党三巨头。1945年7月，左舜生与黄炎培、傅斯年等一同访问延安，受到热烈欢迎。抗日战争胜利后，中国青年党从民盟中分离出来，单独作为一个党派参加了1946年1月举行的政治协商会议。内战爆发后，青年党完全成为国民党独裁、内战的御用工具。1947年4月，青年党与国民党、民社党共同签订《国民政府改组后施政方针》。左舜生出任国民政府政务委员兼农林部部长。1949年4月，左舜生携家人赴台湾，9月到香港定居。1969年返台，不久病逝。

会议提出要将中国建设成为一个"道地的民主国家"，并期望以苏联的经济民主去充实英美的政治民主，创造一种"中国型的民主"。未达到

此目的,民盟要求国民党必须结束一党专政的党治,彻底清除民主的障碍,彻底消除内战的危机,在政治上,民盟主张实行议会制和责任内阁,司法独立、地方自治,充分保障人民的一切基本自由;在经济上,民盟主张实行计划经济,主张以国家的力量促进工业化,消灭贫富差距,保障人民在经济上的平等;在军事上,民盟主张实行军队国家化,军人绝对不得干预内政,任何党团组织均不得拥有武装力量,军队中也不得存在任何党团组织;在外交上,民盟主张保障国家领土主权之完整,与各国和平相处,与美、苏、英互相合作。在此后召开的政治协商会议上及内战早期,民盟虽然继续保持中间路线,但与中共开展了密切合作,与国民党进行了斗争,引起了国民党的仇恨,1947年11月被国民党宣布为非法团体,民盟自动解散,中间道路的政治幻想彻底破灭。翌年民盟在香港重组,实际上已放弃中间道路,转而接受了中国共产党的主张。1949年参加中国人民政治协商会议,为中国共产党领导下的重要参政党之一。

继民盟之后成立的民主党派有九三学社,九三学社原名"民主科学座谈会",1944年底成立于重庆。1945年9月3日,为纪念抗日战争的胜利,更名为九三座谈会,翌年5月4日在重庆召开成立大会,定名九三学社。九三学社的成员大都是文教科技界的高级知识分子,主要领导人有许德珩等。九三学社主张政治民主化、军队国家化;争取人民的基本自由;反对官僚政治,主张肃清贪污;反对官僚资本,主张建立以民生为主的经济制度,迅速完成国家工业化;主张学术思想的绝对自由,积极普及国民教育。在成立之初呼吁国共两党立即无条件停止内战。1949年参加中国人民政治协商会议,后也成为重要的参政党之一。

知识链接

许德珩(1890—1990)字楚生,又作楚僧,江西九江人。早年加入中国同盟会,参加过辛亥革命及讨袁运动。1919年参加五四运动,受北京学生联合会委托起草了《五四宣言》。五四运动后,任《全国学联日刊》总编辑。曾参加李大钊组织的"少年中国学会"。1920年初赴法国勤工俭学。1926年底归国后参加北伐战争。1927年大革命失败后,先后任暨南大学、北京大学和北平大学教授,并从事马克思主义著作的翻译工作。"九一八"事变后,投身抗日救亡运动,被国民党当局逮捕入狱。由宋庆龄、蔡元培、杨杏佛营救出狱,1933年1月参加中国民权保障同盟,并任北平分会执行委员。1935年参与组织北平文化界救国会,参加"一二·九"运动。1946年5月4日,九三学社在重庆正式成立,被选为理事,主持社务活动,成为该社最主要的创始人。1949年1月,代表九三学社响应中国共产党的"五一"号召,同年9月,出席中国人民政治协商会议第一届全体会议。中华人民共和国成立后,任中央人民政府政务院法制委员会副主任委员、水产部部长。1964年12月至1983年6月任政协全国委员会副主席。1979年加入中国共产党。

较民盟、九三学社历史稍短的是中国民主建国会,民建成立于1945年12月,它的主要成员为民族工商业者,主要发起人有黄炎培、胡厥文、章乃器等。民建成立后的政治主张与民盟大体相似,主张政治民主化、军队国家化。在政治体制方面,民建主张由直接普选产生各级议会,由议会行使各级政权;在经济上,主张经济民主,强调发展民族资本,反对官僚垄断资本;在外交上,主张对苏美采取平衡外交政策。民建声称自己"不右倾,不左袒",只是想替中国建立起一个政治上和平奋斗的典型,它所强调的"和平统一、民主集中"的基本原则,确实在一定程度上照顾到了国共两党的政治意向。1949年,民建参加了中国人民政治协商会议,后来也成为重要的参政党之一。

知识链接

黄炎培(1878—1965),号楚南,字韧之,笔名抱一,江苏川沙县(今属上海市)人。1899年中秀才,1901年入南洋公学,1905年参加同盟会。辛亥革命前,先后创办和主持广明小学和师范讲习所、浦东中学,在爱国学社、城东女学等新教育团体和学堂中任教,并参与发起江苏学务总会。辛亥革命后,任江苏都督府民政司总务科科长兼教育科科长,后任江苏省教育司司长,全力以赴地改革地方教育。1931年"九一八"事变后,积极投入抗日救亡运动,创办《救国通讯》,宣传爱国主义;组织上海市民维持会(后改为上海地方协会),支持淞沪会战。1941年,与张澜等人发起组织中国民主政治同盟,一度任主席。1945年夏,飞赴延安,受到中共热诚接待,目睹了解放区崭新的气象和军民的精神风貌,尤其是与毛泽东进行了长达十几个小时的促膝谈话,返回重庆后由夫人姚维钧整理和执笔,发表了《延安归来》一书,记述下了关于"历史周期率"的对话。1949年9月出席中国人民政治协商会议。中华人民共和国成立后,历任中央人民政府委员、政务院副总理兼轻工业部部长、全国人大常委会副委员长、全国政协副主席,中国民主建国会中央委员会主任委员等职。1965年12月21日病逝。

与民建几乎同时成立的还有中国民主促进会,民进的基本成员为文教界的知识分子,多为中小学教师和出版工作者,发起人有马叙伦、周建人、郑振铎等。民进成立时的政治诉求主要是要求国民党改革政权,还政于民,停止内战,击退外国军队,重新制定宪法,实行普选,保障人民言论、出版、集会结社及人身自由。1949年民进参加中国人民政治协商会议,也是此后重要的参政党之一。

知识链接

马叙伦(1885—1970),现代学者、书法家,浙江杭县(今杭州)人。1902年毕业于杭州养正书塾,曾任上海《选报》《国粹学报》编辑,后以教书为生。辛亥革命前加入柳亚子等发起的南社。1911年赴日本,在东京由章太炎介绍加入同盟会。回国后,在浙江参与筹办民团,响应武昌起义。武昌起义后参与浙江光复,任都督府秘书。1913年,任北京医学专科学校文职教员,并应邀于1915年在北京大学文学院兼课。1915年冬,为反对袁世凯复辟帝制,辞职南下,回到上海。1917年蔡元培任北京大学校长,聘邀他任北大哲学系教授。1919年五四运动期间,任北京中等以上学校教职员联合会主席,参加反帝反封建斗争。1936年1月发起组织北平文化界救国会,被推为主席。抗日战争时期,因贫病交加,蛰居上海,化名邹华孙,专事著述。1945年底在上海发起组织中国民主促进会,积极投入爱国民主运动。1946年6月,参加上海各界人士举行的反内战游行示威,被推举为向国民党政府请愿团团长,在南京下关车站被特务殴伤。1947年底,到香港筹建民进港九分会,继续从事反蒋民主运动。1949年赴北平出席政协会议。中华人民共和国成立后,从1949年至1952年任中华人民共和国教育部第一任部长,从1952年到1954年任中华人民共和国第一任高等教育部部长。

思考题:

1. 各民主党派的主要诉求是什么?
2. 谈谈黄炎培。

第四十七章
抗战胜利与重庆谈判

> 国民党为夺取胜利果实,不惜与日伪军合作。为顺应战后民心与国际情势,国共两党通过谈判达成了协定。

长达八年的抗日战争终于因世界形势的急剧变化获得了胜利。当抗战胜利时,国民党主要兵力部署在远离前线的大后方,一时难以接到日伪军投降的消息。为了抢夺胜利果实,国民党依靠美国的支持,在加紧调运军队开赴华东、华北和东北等地的同时,竟然与日伪军达成合作,确认在国民党军抵达之前,由日伪军驻守原来的岗位和维持秩序,拒绝向中国共产党领导的人民军队投降。

知识链接

日本投降后,蒋介石极力阻止中共参与对日受降,部署利用日伪军控制原占领地区,以待接收。他指示何应钦命令冈村宁次:"凡非蒋委员长或本总司令所指定之部队指挥官,日本陆海空军不得向其投降缴械,及接洽交出地区与交出任何物资""绝对不得将行政机关移交非蒋委员长或本总司令所指定之行政官吏或代表人员""日军的一切武器必须完整地交给指定部队,切勿损坏散失,落于匪手,致扰乱地方。"同时,戴笠主持的军统联络周佛海等日伪头目,要求各地伪军控制局势。冈村宁次和周佛海等日伪头目与国民党的合作态度,是后来国民党不顾各方抗议对他们从轻论罪的重要原因之一。

面对美蒋的疯狂掠夺,中共进行了针锋相对的斗争,至1945年底,中共军队已经控制约占全国面积四分之一的土地,人口占全国总人口数的三分之一,华北、华东以及东北的一部分地区都已经在中共的控制之下,这就为后来与国民党进行斗争提供了有利的条件。

中共依靠自己的力量占领了大片土地,大有与国民党分庭抗礼之势。但是,中国人民刚刚经历过艰难的八年抗战,人民渴望和平,期望休养生息,医治战争创伤,重建已经破碎的家园,期待国共两党化干戈为玉帛,变斗争为团结,携手共建独立、自由、富强的新中国。而当时的国际形势也不允许中国再发生内战,美苏两国从各自的利益出发,支持国共两党通过谈判解决相互之间的分歧,中国的和平是远东局势稳定的前提。美国虽然帮助蒋介石调兵遣将,抢占胜利果实,但美国也不希望蒋介石利用美国的帮助去打内战,而是要求蒋介石用和平协商的办法遏制中共的发展,实现中国的和平。在这样一种国际国内形势下,国共两党只能坐下来进行谈判,以和平的手段去保证各自的利益。1945年8月,蒋介石邀请毛泽东到重庆共商国家大计,中共在作战与和平两手准备的基础上,于8月28日派遣毛泽东、周恩来、王若飞等飞赴重庆,与国民党方面进行和平谈判。

知识链接

8月28日下午3时许,毛泽东、周恩来、王若飞一行,在蒋介石代表张治中、美国驻华大使赫尔利的陪同下,抵达重庆。毛泽东在九龙坡机场对中外记者发表书面谈话:"本人此次来渝,系应国民政府主席蒋介石先生之邀请,商讨团结建国大计。现在抗日战争已经胜利结束,中国即将进入和平建设时期,当前时机极为重要。目前最为迫切者,为保证国内和平,实施民主政治,巩固国内团结。国内政治上军事上所存在的各项迫切问题,应在和平、民主、团结的基础上加以合理解决,以期实现全国统一,建设独立、自由与富强的新中国。希望中国一切抗日政党及爱国志士团结起来,为实现上述任务而共同奋斗。"9月4日,国共谈判正式开始。国民党方面先后参加者有张群、邵力子、张治中、叶楚伧和张厉生,中共方面参加者始终为周恩来和王若飞。

根据蒋介石制定的原则,国民党对这次谈判的方针是军事与政治应整体解决,对中共方面的政治要求可以给予极度之宽容,但在军事问题上则严格统一,"政令军令之统一"是这次谈判的前提和中心。因此,在谈判中,国民党方面始终要求中共放弃根据地、交出军队,然后作为一个和平

图5　重庆谈判时的毛泽东、蒋介石

的政党参加各级政府。而中共方面提出，全国军队的整编应该遵循公平合理的原则，中共可以在这方面做出一些让步，但至少应该同意中共保留20个师，这个数字仅相当于国民党军队的七分之一。至于根据地，中共要求国民党方面承认根据地各级民选政府的合法地位，并同意将散布在广东、浙江、苏南、皖中、湖南、湖北、河南部分地区的8块根据地让出，原先驻守在这些地区的中共军队逐步撤退到苏北、皖北等解放区。

经过长达43天的艰苦谈判，国共两党于10月10日签订了会谈纪要，这个被后来称为"双十协定"的纪要，就12个问题阐明了国共两党的各自见解，其中有的已达成协议，有的则未达成协议。未达成协议的部分，双方同意继续商谈或交给将要举行的政治协商会议解决。

重庆谈判的举行和《双十协议》的签订，具有重要的历史意义，它迫使国民党同意中共提出的和平建国的基本方针，承认以和平、民主、团结、统一为基础，长期合作，坚决避免内战，建设独立、自由和富强的新中国，彻底实行三民主义，承认政治民主化、军队国家化以及各党派平等合法等为通往和平建国的必由途径。确认国民党应该尽快结束训政，召开政治协商会议，取消特务机关，释放政治犯，保障人民的民主权利等。所有这些都在一定程度上制约了国民党再发动内战的企图，为避免内战、和平建国创造了一个有利的环境。

知识链接

《双十协定》即《国民政府与中共代表会谈纪要》，该会谈纪要列入关于和平建国的基本方针、政治民主化、国民大会、人民自由、党派合法化、特务机关、释放政治犯、地方自治、军队国家化、解放区地方政府、奸伪、受降等12个问题。重庆谈判最重要的两项成果是：关于和平建国的基本方针，双方一致认为中国抗日战争业已胜利结束，和平建国的新阶段即将开始，必须共同努力，以和平民主团结为第一基础，建设独立自由和平之新中国。双方认为,应迅速结束训政,实施宪政,并先采必要之步骤,由国民政府召开政治协商会议,邀集各党派代表及社会贤达,协商国事,讨论和平建国方案及召开国民大会等各项问题。

➡ **思考题:**
1.《双十协定》的历史意义是什么?

第四十八章
解放战争与中华民国的终结

《双十协定》签订后,国共两党依然军事冲突不断。在美国特使的调停下,两党达成了停战协定。与此同时,试图通过政治途径解决国内问题。然而,政治协商会议的召开最终能停止内战、实现和平吗?

重庆谈判为中共在国际国内赢得了信誉,但对蒋介石、国民党来说,这次谈判只是为了麻痹中共、欺骗人民、欺骗国际社会,争取时间,准备内战而已。

鉴于国共两党军事冲突不断的事实,国共两党的代表也在美国特使马歇尔的调停下,于1946年1月10日签订停战协定。在停战协定签订的同时,各党派代表和社会贤达在重庆举行政治协商会议,会议经过激烈的商讨,终于通过了和平解决国内问题的五项决议。

知识链接

1月10日,张群和周恩来分别代表国共双方签署《关于停止冲突恢复交通的命令与声明》,主要内容包括:国民党及共产党领导下之一切部队,应即实行下列命令:1.一切战斗行动,立即停止;2.除另有规定者外,所有中国境内军事调动一律停止;3.破坏与阻碍一切交通线之行动必须停止,所有阻碍该项交通线之障碍物,应即拆除;4.为实行停战协定,应即在北平设一军事调处执行部。当天,国民政府主席蒋介石和中共中央主席毛泽东分别对各自所属部队下达了停战命令。1月13日,停战令生效。到当月底,除了东北之外,内战基本停止了。

1946年1月6日,国民政府公布《政治协商会议召开办法》。会议代表38人,其中国民党8人,分别为孙科、吴铁城、陈布雷、陈立夫、张厉生、王世杰、邵力子、张群;中共7人,分别为周恩来、董必武、王若飞、叶剑英、吴玉章、陆定一、邓颖超;青年党5人,民主同盟9人,无党派人士9人。1月10日,政治协商会议在重庆开幕。各党代表分别致辞。中共代表周恩来在致辞中表示,中共"愿以极大的诚意和容忍,与各党代表和社会贤达,共商国是,努力合作"。政治协商会议的焦点是政治民主化和军队国家化。1月31日,政治协商会议闭幕。会议通过了五项议案,即《国民大会案》《宪法草案案》《政府组织案》《军事问题案》《和平建国案》。尽管政协会议的结果只能算是纸上文章,但各方在会谈中都作了一定让步:国民党承认取消一党专政,承认实行民主政治;共产党承认三民主义、国民党和蒋介石的领导地位。会议闭幕以后,社会各界和舆论对其取得的成就作出了高度评价。中共《新华日报》呼吁"努力把所获协议变成现实"。

实际上,重庆谈判、停战谈判,乃至政治协商会议,都是一个边打边谈的过程。有资料说,从1946年1月到6月的半年间,国民党军先后动用兵力累计277万人,向解放区发动大小4,365次进攻,并占领了40座城市。因此,待国民党军队完成各项军事部署,做好发动全面内战的准备之后,蒋介石便公然撕毁停战协议和政协决议,于1946年6月26日以30万大军大举进攻中原解放区,由此点燃了全面内战的烽火。紧接着,国民党军对晋南、苏北、鲁西南、胶东、冀东、绥东、察南、热河、辽

南等地实行分区式的全面进攻。8月2日,用飞机轰炸延安,并动用大军围困陕甘宁边区。10月,对东北解放区发动更大规模的新攻势。蒋介石企图以全面进攻、速战速决的战略战术,在短时期内一举消灭中共。

面对国民党军队的猖狂进攻,中共中央在毛泽东的主持下制定以歼灭国民党军队有生力量为主而不是以保守地方为主的积极防御战略,指挥解放区军民奋起反击。经过短短8个月的作战,战场形势根本改观,国民党被迫放弃全面进攻的计划,只将山东、陕北作为进攻的重点。与此同时,中共积极发动国统区的人民进行反饥饿、反内战、反迫害的民主运动,形成反对国民党统治的第二条战线,将国民党置于全民包围的困境之中。

知识链接

1947年,国民党军的全面进攻被打破后,被迫改为集中兵力对陕北和山东解放区进行重点进攻。3月下旬,国民党军对山东解放区的重点进攻正式开始,华东野战军决定集中优势兵力打击敌人。5月13日至16日,陈毅、粟裕遵照毛泽东的指示,指挥华东野战军在孟良崮进行了一场山地运动歼灭战,全歼国民党"五大主力之首"的整编第74师。5月17日,毛泽东特发贺电:"歼灭74师,付出代价较多,但意义极大。"一名被俘的第74师营长说:"74师被歼灭了,以后就没有任何(国民党)部队能抵抗解放军了。"蒋介石哀叹:"这是我军剿匪以来,最可惋惜的一件事。"孟良崮战役一举扭转了华东战局,鼓舞了人民解放军的士气,是解放战争由战略防御转为战略进攻的重要转折点。

3月13日,国民党军发起对延安的进攻。3月18日,毛泽东、周恩来等中共领导人离开居住了十年的延安,开始转战陕北。临行前,毛泽东对前来送行的西北野战兵团的领导干部们说:"我军打仗,不在一城一地的得失,而在于消灭敌人的有生力量。存人失地,人地皆存;存地失人,人地皆失。""我们要以一个延安换取全中国"。3月19日上午,西北野战兵团主动放弃延安。当天下午,国民党军胡宗南部进入延安,"占领"了一座空城。中共利用有利地形和群众条件,采取"蘑菇战术"不断调动对手,使其来回扑空,疲于奔命。人民解放军则于3月25日、4月14日及4月底5月初,连续进行了青化砭、羊马河、蟠龙三次歼灭战,共歼灭胡宗南部1.4万余人,奠定了粉碎国民党军对陕北重点进攻的基础。

1946年12月24日,北平发生了美军士兵强奸中国女大学生的事件。美军的暴行激起了公愤,北京大学学生立即召开抗议美军暴行大会,发表《告全国同胞书》,提出应严惩凶手并由美军最高当局公开道歉,同时要求美军立即撤出中国。这一行动得到北平及全国大中学校的支持。12月30日,以北大、清华、燕京为主导的北平各大学学生万余人举行示威游行,强烈抗议美军暴行。全国各主要城市的大中学生也先后举行了支持北平学生、抗议美军暴行的示威游行。各校教授也支持学生的爱国行动。北大教授沈从文、周炳琳、钱端升、朱光潜、向达等48人致书美国驻华大使司徒雷登,"望保证此后绝不再有类似事件在中国任何地方发生"。社会各界对此事的反感和抗议,逐渐由要求美军撤出中国,发展至要求和平、反对内战的政治诉求上。1月28日,平津学生抗暴联合会成立,3月8日,全国学生抗暴联合总会成立,提出了"立即停止内战,实行政协决议,成立联合政府"的要求。

1946年底反美学生运动之后,中共要求国统区党组织加强对学校学生组织的领导、发展和巩固,积极发展民主进步力量,开展人民运动,促进群众斗争,配合人民解放军的军事斗争,推动全国革命新高潮的到来。在中共领导和影响下,国统区爱国民主运动日益发展。1947年,全国物价飞涨,生活之困难甚至超过了抗战时期。《大公报》社评说:"因物价腾昂,生活不安,人心浮动,几乎处处都在闹事,事事都有风波,一种阴霾恐慌的气象遍布各地。"1947年5月,南京学生连续举行反饥饿请愿游行,并得到各地学生的支持。北平学生从17日起先后罢课,18日走上街头,向市民宣传反对内战。国民党采取高压手段,压制学生运动。20日,南京、北平、天津等城市爆发了大规模的反饥饿反内战游行,是为"五二〇"运动。北平学生在请愿书中明确提出:"我们追根求源,知道目前中国社会一切混乱不安的局面,都是因为政治上不民主及打内战的关系,所以我们更要求政府,立即停止内战,恢复政协路线,实行民主政治。"这些要求呼应了中共的政治主张,标志着第二条战线的形成。5月30日,毛泽东在为新华社所写的《蒋介石政府已处在全民的包围中》的评论中指出:"中国境内已有了两条战线。蒋介石进犯军和人民解放军的战争,这是第一条战线。现在又出现了第二条战线,这就是伟大的正义的学生运动和蒋介石反动政府之间的尖锐斗争。"第二条战线的斗争有力地配合了人民解放军在军事战场上的斗争。

战争的第一年,解放军歼灭国民党军112万人,解放军也由战略防御转入战略进攻的阶段,以部分主力挺进中原,将战火引向国民党的统治区域,在外线大量歼灭国民党军;以部分主力和地方武装坚持内线作战,收复失地。

战争的第二年,解放军歼灭国民党军152万人,双方力量的对比发生了显著的变化,国民党军的总兵力已由战争开始时的430万人下降为373万人,其正规军由200万人降至150万人,战略性的机动部队大为减少,后方空虚,所控制的13个省区仅有21个旅守备,在湖南、广西、贵州、福建、浙江和江西等省区,几乎没有正规军,只能依靠地方保安部队维持秩序。而解放军的兵力通过第一年的作战和发展,已由120万人增长到195万人,其中正规军达百万以上,装备也有显著改善,后方巩固,士气高涨,百万大军皆可机动。而且,通过第一年的作战,解放军还攻克了一大批国民党军重点设防的城市,为解放军与国民党军进行战略决战创造了极好的条件。

1948年9月至1949年1月,解放军连续进行了辽沈、淮海、平津三大战役,国民党赖以维持其政治统治和发动内战的精锐部队几乎丧失殆尽,中共在实际上已有效地控制住长江中下游以北的大半个中国。1949年1月14日,中共中央声明虽然有足够的力量和理由在不太长的时间内全部歼灭国民党军的残余势力,但是为了迅速结束战争,减少人民的痛苦,实现真正的和平,中共愿意与南京国民党政府或其他地方政府或军事集团,在惩办战争罪犯、废除伪宪法、伪法统等前提下进行和平谈判。

知识链接

"三大战役"是指中国人民解放战争中具有决定意义的辽沈、淮海、平津三大战役。辽沈战役是1948年9月12日至11月2日,中国人民解放军东北野战军在辽宁西部和沈阳、长春地区对国民党军进行的战略性决战。辽沈战役历时52天,共歼灭国民党军47万余人,东北全境获得解放。淮海战役是解放战争时期中国人民解放军华东野战军、中原野战军在以徐州为中心,东起海州(连云港),西至商丘,北起临城(今枣庄市薛城),南达淮河的广大地区,对国民党军进行的战略性进攻战役。淮海战役于1948年11月6日开始,1949年1月10日结束,徐州剿匪总司令部刘峙指挥的中华民国国军五个兵团、22个军、56个师及一个绥靖区共55.5万人被消灭及改编,解放军总共伤亡13.4万人。淮海战役是解放军牺牲最重,歼敌数量最多,政治影响最大,战争样式最复杂的战役。平津战役是"三大战役"的最后一个,1948年11月29日开始,1949年1月31日结束,共64天。林彪、罗荣桓、聂荣臻、刘亚楼指挥的中国人民解放军东北野战军和华北军区部队共100万大军,以北平、天津为中心,以伤亡3.9万人的代价,消灭及改编中华民国国军3个兵团、13个军、50个师,共计52.1万人,解放了北平、天津在内的华北大片地区。

4月1日,国共两党的代表开始在北平举行和平谈判,在此后的数日中,南京政府代表就中共提出的《国内和平协定草案》提出许多修改意见。15日,中共代表团根据南京代表的意见提出和平协定八条二十四款的不可变动的最后修正稿,并约定4月20日为最后签字日期,南京方面如逾期不签字,中国人民解放军就立即渡江作战,用武力解决问题。

4月20日,国民党方面最后拒绝签订和平协议,解放军遵照中共中央军事委员会主席毛泽东和解放军总司令朱德的命令,立即向全国进军,百万雄师横渡长江天险,4月23日占领南京,标志着国民党政治统治的彻底瓦解和中华民国的终结。

图6 1949年4月解放军攻占南京总统府

知识链接

从1948年秋至1949年初,辽沈、淮海、平津三大战役相继胜利,人民解放战争的胜利已成定局。这时国民党提出了国共和谈,希冀借此达到"划江而治",以争取时间,卷土重来。1949年1月14日,毛泽东提出了八项条件作为进行和平谈判的基础：一、惩办战争罪犯；二、废除伪宪法；三、废除伪法统；四、依据民主原则改编一切反动军队；五、没收官僚资本；六、改革土地制度；七、废除卖国条约；八、召开没有反动分子参加的政治协商会议，成立民主联合政府，接收南京国民党反动政府及其所属各级政府的一切权力。1月21日，蒋介石宣布隐退，由副总统李宗仁代理总统职务，设法与中共谈判停战。国民政府和谈代表团由张治中任团长，成员有邵力子、黄绍竑、刘斐、章士钊、李蒸；中共方面由周恩来任代表团团长，成员包括林伯渠、林彪、叶剑英、李维汉、聂荣臻。4月1日，国民政府和谈代表团乘飞机抵达北平南苑机场。下午，周恩来率中共代表团与张治中会谈。经过十多天的谈判，在八条的基础上几经修改，达成《国内和平协定》，但国民党政府拒绝签字，国共和谈全面破裂。毛泽东、朱德发布《向全国进军的命令》，解放军发动渡江战役，占领南京、上海等大城市，然后向华南、西南、西北各省进军。1949年12月10日，蒋介石飞离成都到达台北。

思考题：

1. 谈谈"三大战役"。
2. 除了军事上的溃败，国民党在政治上是如何失败的？

第四十九章
中华人民共和国成立

　　中国共产党在领导中国各族人民为新民主主义而斗争的过程中,经历了国共合作的北伐战争,土地革命战争,抗日战争和全国解放战争这四个阶段,其间经受了 1927 年和 1934 年两次严重失败的痛苦考验。经过长期武装斗争和各个方面,各种形式斗争的密切配合,终于在 1949 年取得了革命的胜利。

　　1949 年 9 月 21 日至 30 日,中国人民政治协商会议第一届全体会议在北京举行。会议选举产生中央人民政府,毛泽东当选为中央人民政府主席,朱德、刘少奇、宋庆龄、李济深、张澜、高岗当选为副主席。会议通过了起临时宪法作用的《共同纲领》,会议还决定了国旗、国歌和定都北京、采用公元纪年。

　　1949 年 9 月 30 日,毛泽东亲自为人民英雄纪念碑奠基。碑心正面(北面)镌刻着毛泽东题写的"人民英雄永垂不朽"8 个鎏金大字,背面是毛泽东起草、周恩来题写的碑文:

> 三年以来,在人民解放战争和人民革命中牺牲的人民英雄们永垂不朽!
>
> 三十年以来,在人民解放战争和人民革命中牺牲的人民英雄们永垂不朽!
>
> 由此上溯到一千八百四十年,从那时起,为了反对内外敌

人,争取民族独立和人民自由幸福,在历次斗争中牺牲的人民英雄们永垂不朽!

图7 开国大典

1949年10月1日,30万军民在北京天安门广场隆重举行开国大典。毛泽东在天安门城楼上向全世界庄严宣告:"中华人民共和国中央人民政府今天成立了!"

毛泽东亲自按下电钮,五星红旗在天安门广场冉冉升起来了。

中国革命的胜利,在我国结束了极少数剥削者统治广大劳动人民的历史,结束了帝国主义、殖民主义奴役中国各族人民的历史,劳动人民成了新国家新社会的主人。人民革命在一个人口占全人类近1/4的大国的胜利,改变了世界政治力量的对比,也激励了许多类似中国这样受帝国主义、殖民主义剥削压迫的国家的人民,增强了他们前进的信心。中国革命的胜利,是第二次世界大战以后最重大的政治事件,对国际局势和世界人民斗争的发展具有深刻的久远的影响。

思考题:

1. 试述中国革命胜利的伟大意义。
2. 谈谈开国大典。

后 记

书稿终于付梓,终于可以长长地舒一口气了。

2019年6月26日,中国传媒大学校长廖祥忠教授来北京大学召开文史哲教育座谈会,向在座各位教授发出邀约。

我们接下撰写本书的任务,主要缘于邀约,也缘于共同的好友、丛书统筹彭明哲、江力的力荐。

这是我们第一次尝试撰写历史通识读本,开始以为很容易,真正写起来发现其实很难。用20多万字的篇幅来讲述中国几千年的历史,如何布局,怎样构架,就是一个大大的难题。通识读本内容不能太深,也不能太浅,这个度也不好把握。诸如此类,还有很多。篇幅所限,一些大家所熟知的历史事件未能悉予收纳,甚憾。

时间紧,任务重,要求高,我们提交的这部稿子,只能是一次尝试。接下来,我们将根据各方反应进行修改,把本书打磨得尽可能完善。

本书的分工如下:古代史部分由张帆编写,北京大学历史学系叶炜老师、党宝海老师、韩巍老师提供了帮助;近现代史部分由马勇撰写,尹媛萍老师、张德明老师、王学斌老师提供了帮助。中国传媒大学马克思主义学院的曹晓伟老师提出了一些很好的意见、建议。在此,我们对所有为本书的撰写提供帮助的人深表感谢。

一段时间以来,很多大学忙于与世界接轨,英语成了终生教育,而本民族的历史跟文学、哲学如同难兄难弟,进了大学就被置弃一旁了。本书的出版非常及时,对年轻人学习历史、了解历史、热爱历史必将产生一定的影响。在此,非常感谢中国传媒大学出版社的领导、老师们,你们表现出的市场敏锐、专业素养、奉献精神,令人感佩。

最后还要特别感谢阅读本书的您。您对历史的热爱,是我们研究历史、普及历史知识不竭的动力源泉。

编著者
2019 年 10 月

图书在版编目(CIP)数据

中国历史通识读本 / 张帆,马勇编著. -- 北京:中国传媒大学出版社,2019.10(2019.12重印)
(文史哲通识读本丛书)
ISBN 978-7-5657-2619-4

Ⅰ. ①中… Ⅱ. ①张… ②马… Ⅲ. ①中国历史—教材 Ⅳ. ①K20

中国版本图书馆 CIP 数据核字 (2019) 第 227784 号

中国历史通识读本
ZHONGGUO LISHI TONGSHI DUBEN

编　　著	张　帆　马　勇
策划编辑	曾白凌　蔡开松
统　　筹	彭明哲　江　力
责任编辑	赵　欣
责任印制	阳金洲
封面设计	拓美设计
出版发行	中国传媒大学出版社
社　　址	北京市朝阳区定福庄东街1号　　邮编:100024
电　　话	86-10-65450528　65450532　传真:65779405
网　　址	http://cucp.cuc.edu.cn
经　　销	全国新华书店
印　　刷	三河市东方印刷有限公司
开　　本	710mm×1000mm　1/16
印　　张	15.75
字　　数	211 千字
版　　次	2019 年 10 月第 1 版
印　　次	2019 年 12 月第 3 次印刷
书　　号	ISBN 978-7-5657-2619-4/K · 2619　　定　价　50.00 元

版权所有　　翻印必究　　印装错误　　负责调换